애로우잉글리시

동사혁명

실전편

애로우 잉글리시 동사혁명 실전편 : 거꾸로 잘못 배운 동사 바로잡기

지은이 최재봉
펴낸곳 애로우 잉글리시
등록 2013년 1월 18일
주소 서울 강남구 역삼동 831-24 예미프레스티지빌딩 3층 (135-080)

기획 및 책임 편집 김병식
편집디자인 최애경, 윤지은
일러스트 이승철

초판 1쇄 2018년 10월 22일 발행
ISBN: 978-89-98811-17-4
값 16,000원

애로우잉글리시

동사혁명

실전편

거꾸로 잘못 배운
동사 바로잡기

최재봉 지음

Prologue

1. 영어공부의 지름길은 없는가?

주위를 둘러 보면 영어에 대한 학습 방법과 학습 교재는 홍수처럼 우리를 덮치고 있습니다. 숨이 꽉 막힐 정도입니다.

하지만 매년 새해가 될 때 마다 우리의 새해 다짐은 **영어 완성!** 이지만 그렇게 보내온 해가 몇 년이 되는지 모릅니다.

극소수를 제외한 압도적인 다수가 여러 가지 원인으로 투입하는 노력 대비, 목적하는 학습 성과를 이뤄 내지 못하고 있으며, 영어 정복을 위해 수 차례의 도전과 실패를 반복하면서 비용과 시간을 소비하고 있습니다.

그럼 진정 제대로 된 영어 공부법은 없단 말입니까? 아닙니다. 하늘이 무너져도 솟아날 구멍이 있다고 했지 않습니까? 분명히 방법은 있습니다. 왕도가 없다던 영어 공부에도 저비용의 고효율의 방법이 분명히 존재합니다.

그렇습니다.

영어 공부의 지름길은 있습니다.

무조건 시간만 많이 내서 공부한다고 효과가 있는 것은 아닙니다. 이제까지 영어 공부를 하는 데 있어서 가장 큰 문제점은 공부를 한다고는 했지만 그냥 생각 없이 이 방법, 저 방법 손만 조금씩 대다가 말고, 체계적이고 제대로 된 방법으로 한 적은 없었기 때문입니다.

이제 우리도 영어 공부를 함에 있어 영어의 핵심이 무엇인지를 잡아서 공부합시다. 다른 할 일 많고 시간 없는 여러분들을 위해 진정한 지름길을 알려주고자 합니다.

2. 단하나의 '원리'를 이해하면 바로 말 만들기가 되는 유일한 학습법 애로우 잉글리시

1) 영어는 암기가 아니다.

모든 거의 모든 학습법과 교재가 주장하는 대로 무조건 좋은 문장을 많이 외운다고 영어가 될까요?

기본적으로 어느 나라 말이든 간에 대화를 한다는 것은 매끈하고 좋은 표현을 암기해서 내뱉는 것을 의미하지 않습니다. 정형화된 몇몇 문장들을 외워서 기계적으로 말한 것을 가지고 제대로 된 회화를 했다고 볼 수 없습니다. 또한 문장들을 아무리 많이 외워 봤자 실전에서 써먹지 못하는 경우가 허다합니다.

우리나라 사람들의 **영어**가 얼마나 황당한지 **아시는지요?**

외운 문장을 구사할 때는 유명한 연설가나 위인이 구사한 명문장이고, 그 외에는 유치원 수준의 영어이니 원어민이 듣고 얼마나 당황해 할까요? 아마 어느 영어가 우리의 본 영어인지 헷갈려 할지도 모릅니다. 입사 원서에 첨부된 영어 자기 소개서는 거의 모두가 천편일률적인 인생을 산 것처럼 문장이 너무나 유사합니다. 시중 참고 서적과 인터넷 검색을 통해 만든 짜집기 영작의 결과 이기 때문이지요. 하지만 여전히 문장 암기, 표현 짜집기식의 영어 공부를 답습하고, 그것이 최고인 양 착각하고 있는 것이 우리의 영어 공부의 현실입니다.

2) 단순한 법칙 - 주어에서부터 가까운 순서대로 단어를 늘여놓는다

다른 나라 사람들에 비해 영어 공부에 정말 열심인 우리 한국인의 영어 실력이 왜 낮을까요? 군이 전세계 토익이나 토플 시험 성적 비교표를 들이대지 않아도 이미 다 아는 얘기이지요. 왜 한국인은 영어에 그렇게 많은 투자를 하고도 영어 실력은 낮을까요?

"영어와 한국어가 왜 어순이 반대인가?"를 먼저 생각해 보지 않고 그냥 무조건 다르니깐 외우자는 식의 막무가내 공부가 문제였던 것입니다.

국어나 일본어에는 "은, 는, 이, 가, 을, 를"과 같이 그 단어의 쓰임새를 알려주는 조사가 발달되어 있기 때문에 문장의 어순이 바뀌어도 그 뜻을 전달하는 데는 크게 문제가 없습니다. 하지만, 영어에는 조사가 없기 때문에 어순이 바뀔 경우 전달하고자 하는 뜻이 왜곡되거나, 이상한 말이 되고 맙니다. 그래서 영어에는 단어가 놓은 위치, 순서가 목숨과도 같습니다.

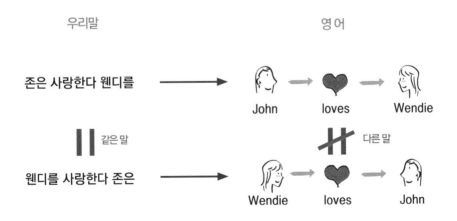

이처럼 영어에서는 어순이 의사 전달에 극히 중요하게 작용하므로, 영어 문장은 순서대로 정보가 표현되고, 수용되어야 되는 구조로 될 수 밖에 없다. 이렇게 언어적 구조가 다른 것은 좀 더 심층적으로 분석해 보니 사고방식의 차이 때문임을 발견하게 되었습니다. 그리고 나아가 사고방식도 단순한 법칙 자체라는 것을 알게 되었습니다.

그 법칙의 핵심은 "영어 문장은 주어를 중심으로 순서대로 확장되는 구조로 되어 있다"라는 것입니다. 조금 더 풀어서 말하면, 주어, 즉 기준이 되는 주체로부터 물리적으로 가까운 것으로부터 먼 순서대로, 철저히 논리적 단계를 밟아가며 한 단어 한 구절이 배열되어 나가는 구조가 영어 문장의 구조라는 것입니다.

"주어에서부터 가까운 순서대로 단어를 늘여놓는다"
이 이상 어떤 규칙도 없습니다.

John   loves   Wendie

"멋진 표현을 암기하여 말하지 않더라도 생각대로 바로 말을 만들 수 있는 영어"가 사실 우리가 해야 할 영어의 목표이고, 이러한 영어의 가장 큰 핵심 비밀은 바로 '**주어에서부터 순서대로 단어를 배열하는 힘**'에 있습니다. 이러한 영어는 영어의 사고 방식부터 제대로 이해할 때 내 것이 되는 것이지 1형식, 2형식 하면서 5형식을 암기해서는 절대 불가능합니다. 영어는 암기 과목이 아니라 이해 과목입니다. 그래서 무조건 목숨 걸고 열심히 외우고 난리 치지 않아도 제대로 잘할 수 있게 되어 있는 것이 영어입니다.

3) 어! 영어가 단어 순서대로 그림을 그리네!

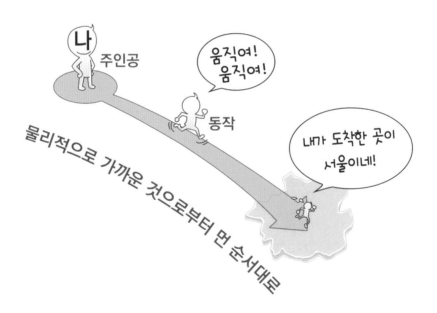

이처럼 "**영어 문장은 주어를 중심으로 순서대로 확장되는 구조로 되어 있다**"라는 명제를 중심으로 주어, 즉 기준이 되는 주체로부터 물리적으로 가까운 것으로부터 먼 순서대로, 철저히 논리적 단계를 밟아가며 한 단어 한 구절이 배열되어 나가는 구조가 영어 문장의 구조라는 것을 알고 난 후 열심히 새로운 차원으로 영어 공부를 해나가던 중 어느 날 문득 내 눈에 사진과 그 밑에 쓰인 기사가 눈에 띄었습니다.

"**그게 무슨 특별한 발견이냐?**"라고 의아해 하시겠지만 실제로 이 사진 기사가 내 영어에 대한 안목이 달라지게 만들었습니다. 그건 바로 "**영어가 주어에서 순서대로 그림을 그린다**"는 사실이었습니다.

A helicopter flies above the car and people in the port.

위와 같은 신문 사진 기사를 만났습니다. 문득 문장과 사진을 매치 시켜 보았습니다. 그랬더니 다음과 같은 그림이 되는 것이 아닙니까!

예전에 어떠했습니까?

그냥 예전에 하던 대로 문장을 한 번 해석해 보시지요.

A helicopter flies above the car and people in the port.

"한 헬리콥터가 항구 안에 있는 차와 사람들 위로 날고있다."

이 정도로 해석을 했다면 썩 괜찮은 해석이라고 볼 수 있습니다. 하지만 정확히 문장 제일 뒤에 있는 **the port**로부터 거꾸로 거슬러 올라오며 이해하는 것이 참으로 놀라울 따름입니다.

우리는 학교 다닐 때 **"영어는 한국말과 거꾸로다!"**라고 단정적으로 교육을 받았습니다. 그래서 우리네 영어 실력의 척도는 늘 얼마나 잘 번역을 하는가, 얼마나 잘 거꾸로 뒤집어서 매끄럽게 우리말로 잘 만드는가에 주안점을 두었습니다.

함께 지난 학창 시절의 영어 수업 시간을 생각해 봅시다. 영어 수업 시간만 되면 그 놈의 해석 때문에 다들 두려움에 떨지 않았습니까? 오늘 날짜가 **12**일이라는 이유 하나만으로 **"2번, 12번, 22번, 32번, 42번"** 내리 차례차례 희생양이 됩니다. 그때 가장 칭찬을 듣는 학생은 다름 아닌 **"뒤에서부터 멋지게 번역"**해 올라오는 학생이었습니다. 그런데 요즘중, 고등학교에서도 **10**년, **20**년 전과 전혀 달라진 것이 없이 똑같다는 사실이 더욱 슬프게 합니다.

그러나 막상 그 영어를 사용하는 사람들을 생각해 보신다면, 말하는 사람이나 듣는 사람이나 말을 하면서 거꾸로 역 주행하여 해석할 리는 절대로 없지 않을까요?

결국 우린 영어를 우리 식으로, 아전인수 격으로 해석해 온 것입니다. 바로 문제는 이것입니다. 영어 자체는 죄 없습니다. 그저 우리 식으로 뒤에서부터 순서를 거슬러 멋지게 변신시켜 버린 우리네 영어가 문제일 뿐입니다.

하지만 이제까지의 습관은 버리고 앞의 사진에서 처럼, 주어에서부터 순서대로 해석을 해보면 어떨까요? **"헬리콥터 ▶ 날다 ▶ above 위에 있고 아래 있는 것은 ▶ 차와 사람들 ▶ in 안에 있고 둘러싼 것은 ▶ 항구"** 이렇게 영어 문장을 바라보니 앞에서 순서대로 차근차근 이해를 해도 가능하다는 생각이 들지 않나요? 그리고 이렇게 순서대로 이해하는 방식이 이상한 방법이 아니라 당연한 것처럼 느껴지지 않는지요?

그리고 더 나아가 영어가 단어 순서대로 그림을 그리고 있는 것이 보이시지 않나요?

이 원리를 이해하는 순간부터 저는 영어를 단어의 순서대로 한국말로 해석하던 수준에서 더 나아가 아예 한국말로 해석을 거치지 않고 바로 영어로 이해하게 된 것입니다. 참으로 흥분되는 순간이었습니다. 이때부터 영어를 바라보는 관점이 글자에서 그림으로, 이제 시각화가 된 것입니다. 그리고 보니 사람들은 글자가 아니라 그림으로 정보를 축적한다는 사실이 새삼 다시 느껴졌습니다.

언어가 무엇이라고 생각하십니까?

　자신이 보거나, 생각하거나, 처한 어떤 상황을 다른 사람에게 전달해 주기 위해서 사용하는 것이 말이라고 생각합니다. 그 과정에서 도구로 글자를 이용하건 소리를 이용하건 또는 수화를 이용하건, 모스 부호를 사용하건 간에 목적은 똑같습니다. 바로 자신이 눈으로 본 그림을, 상황을 다른 사람 머릿속에 그대로 그려 주고 이해하도록 하기 위함입니다. 그 반대로 다른 사람의 생각을 내 머릿속에 그리고 이해하기 위한 과정이 바로 읽기와 듣기입니다. 결국 말하기든, 읽기든, 듣기든 이 모든 과정은 궁극적으로 머릿속에 그림을 그리는 것입니다.

　영어란 언어는 한국말 순서대로 거꾸로 뒤집어서 마침표에서부터 어떻게 번역을 해봐야 하는 골칫덩어리가 아니라 위와 같이 단어 순서대로 멋진 그림을 그리는 그리기 도구와 같습니다.

4) 영어는 그림을 넘어서 동영상이다 - 원어민 언어 습득의 근본 원리

필자는 항상 모국어 방식으로 영어를 배운다는 것이 무엇일까 궁금했었습니다. 왜 우리가 영어를 배우는 것하고 그네들이 영어를 배우는 것이 차이가 있을까? 그러나 지성이면 감천이라고 그 해답도 어렵지 않게 찾을 수 있었습니다.

예를 들어 지금 엄마가 아이에게 우유를 먹이는 장면을 생각해 보십시오. 엄마가 그냥 아무 말도 없이 우유병을 아이에게 들이밀고서 먹으라고 몸짓만 하지는 않을 것입니다. 아이에게 따뜻하게 사랑을 담아 말을 합니다. 그리고 이때도 엄마는 일단 말만 먼저 하고 우유병을 뒤에 물려 주는 것이 아니라 말을 하는 동시에 동작을 취합니다. 이와 같이 엄마와 아기의 경우를 보면 영어 단어와 그 단어에 해당하는 동작이 동시에 붙어서 진행이 됩니다. 처음엔 아이가 그저 엄마가 말해 주는 **milk**에 우유만 결합시키다가 나중에서 **drink a bottle of milk**와 같이 여러 단어들을 조합해서 순서대로 동작과 연결시킬 수 있게 됩니다. 영어가 "**단어 순서대로 동작을 취하는 동영상**"으로 발전하게 된 것입니다.

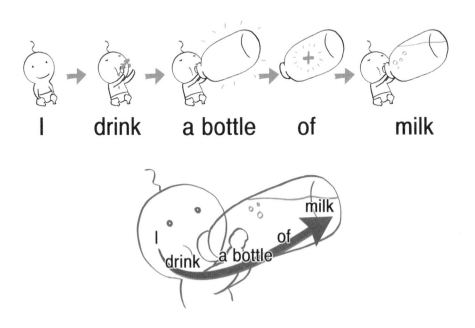

보통 미국에 가면 아이들은 개인차가 있긴 하지만 6개월 정도가 지난 시점부터 영어를 좀 하게 됩니다. 어떻게 이 아이들이 이렇게 되는 걸까요? 부러울 뿐입니다. 하지만 그 이유를 알면 여러분도 그렇게 될 수 있습니다. 그냥 '**미국에 6개월간**'이 중요한 것이 아니라 핵심이 중요하지요. 사실 알고 보면 아이들은 수업시간 보다 친구들에게 직접적으로 영어를 배웁니다. 그 친구들이 원어민 엄마와 같은 역할을 해주는 것이다. 바로 동작을 통해 영어 단어에 그림을 붙여 주고 그것을 순서대로 구사하면서 아이들에게 살아 있는 영어 선생 노릇을 해주는 것입니다. 바로 "**영어는 동영상이다!**"라는 진리가 그대로 적용이 되는 순간입니다.

영어의 핵심은 영어라는 글자나 소리로 그림/이미지를 그리는 것입니다. 처음에는 하나의 단어에서 그 다음 몇 개의 단어로, 그 다음 구절로, 그 다음 문장으로 이미지를 확대하여 나중에는 한 편의 그림이 자연스럽게 머릿속에 그려지는 것이지요.

실질적으로 기본적인 원리를 알고 시작하는 것과 무턱대고 무조건 덤비는 것과는 큰 차이가 있다. 애로우 잉글리시가 바로 쓸데없는 시간의 낭비와 힘의 소모 없이 빠르고 쉽게 영어 공부를 할 수 있게 해 줄 것입니다. **영어가 단어 순서대로 그림을 그리고 나아가서 동영상**이라는 것을 안다면 영어가 웬수가 아니라 친구로써 쉽게 우리에게 다가 올 것입니다.

Contents

Prologue

영어공부의 지름길은 영어의 원리를 제대로 이해하는 것부터!

1부

동사에서부터 이어지는 자연스러운 흐름, 힘의 연속

2부

필수동사,
단 하나의 기본 의미로
여러 의미들을 한방에
해결

1부

동사에서부터 이어지는 자연스러운 흐름, 힘의 연속

unit 01

동사만 바로잡으면 무작정 암기에서 벗어날 수 있다.

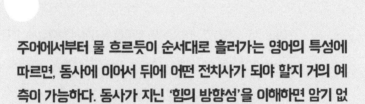

주어에서부터 물 흐르듯이 순서대로 흘러가는 영어의 특성에 따르면, 동사에 이어서 뒤에 어떤 전치사가 되야 할지 거의 예측이 가능하다. 동사가 지닌 '힘의 방향성'을 이해하면 암기 없이도 자연스럽게 만들어 내는 영어가 가능하다.

A player shoots the ball to the basket

일단 문법 다 모른다 치고, 그림에서 바로 인지되는 단어들 만을 가지고 이해를 시도해 보자. 물론 단어들과 그에 해당하는 사진의 부분들을 서로 1대1로 대응시켜 나가면서 시도해 보자.

한 선수 ▶ 쏘다 ▶ 공 ▶ to ▶ 바스켓

해석하지 않고 영어 그대로 놓아둔 기능어인 'to'를 빼 놓고도, 문장 순서대로 따라가면서 그림에서 직접 파악되는 단어들만 하나하나 대응시켜 보면 전체적인 그림이 머릿속에 그려질 것이다. 이렇게 단어들만 순서대로 배열해 놓아도 영어 문장이 어느 정도 이해가 될 수 있는 이유는, 영어 문장은, 주어(한 선수)에서부터 시작해서 나아가는 방향으로 한 단계 한 단계 확장해 나가면서 한 폭의 그림을 그려 내기 때문이다. 이러한 영어의 특성을 제대로 깨닫기만 하면, 영어가 훨씬 더 쉬워진다.

주인공에서부터 나아가며 움직이는 순서대로, 가까운 순서대로 단어만 나열하면, 영어는 말이 된다! 라는, 영어가 만들어지는 단 하나의 원리를 잘 기억하기 바란다.

이제 이 원리를 구체적으로 하나하나 풀어 나가보도록 하자.

**"영어의 단 하나의 원리를 적용해 그림만 보아도
그냥 문장이 저절로 이해된다."**

처음 나온 단어가 '**한 선수**'이다.

그 선수가 하고 있는 동작을 보니 '**쏘고 있다**'이다.

그리고 쏘는 대상이 무엇인가 보니 '**공**'이다.

  자연스럽게 그 공의 동선은 앞으로 나아간다. 그 나아가는 동선을 나타내는 말이 to
이다. 그리고 나아가서 만나는 대상이 골대(basket)이다.

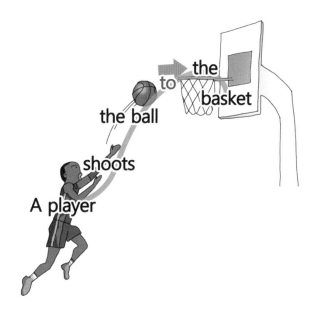

한 선수에서부터 시작해서 죽 이어져서 나아가 마지막 **'바스켓(골대)'**까지 확장되는 움직임을 따라가기만 하면, 한 편의 움직이는 그림이 자연스럽게 그려진다. 전체 그림의 주어(주인공)에서 나아가는 초록색 선을 주의 깊게 음미해 보기 바란다. 그림에서 주어에서부터 단어가 나열된 순서와 주어로부터 시작된 동선이 한 치도 어그러짐 없이 착착 맞아 들어간다.

아무리 복잡한 문장들이 뒤섞여 있어도, 결국에는 이렇게 **일련의 부분들이 차례차례 이어지면서 한 편의 움직이는 동영상을 만들어내는 것이 영어이다.**

동사가 지닌 '힘의 방향성'을 이해하면
암기 없이도 자연스럽게 만들어 내는 영어가 가능하다

　　주어에서부터 물 흐르듯이 순서대로 흘러가는 영어의 특성에 따르면, 동사에 이어서 뒤에 어떤 전치사가 와야 할지 거의 예측이 가능하다. 이러한 예측은 특별한 훈련이 필요하거나 언어적 재능이 있어야 하는 것이 아닌, 앞에서 농구공이 움직여 가는 예처럼, 상식적이고 자연적인 사고의 흐름일 뿐이다.

　　영어에서 동사를 보면 가장 먼저 생각해볼 것이 그 동사의 **힘의 방향**이다.

　　주어에서 나오는 힘이, 앞으로 전진하는 힘이면 앞을 향하는 **to, toward, for, into** 등의 전치사가 이어져 오기 마련이다.

그래서 위와 같이 주어가 앞으로 미는 힘인 '쏘는' 동작은 당연히 앞으로 나아가는 전치사 **to**가 연속적으로 죽 이어지게 된다.

위 그림을 단순하게 이미지화 해 보았다.

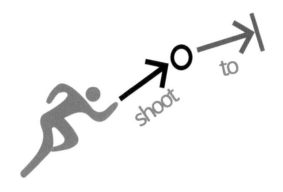

이렇게 동사와 전치사가 세트로 연결되는 힘과 방향의 연결을 눈여겨보면 영어가 더욱 쉬워지며, '주어에서부터 순서대로 단어를 늘어놓기만 하면 말이 되는' 영어의 단순한 기본 법칙을 더욱 깊이 있게 깨닫게 된다.

이 법칙이 익숙해 지면, 영어를 읽거나 들을 때 읽는 순서대로 들리는 순서대로 머리 속에서 단어들이 그림을 그리면서 파노라마처럼 펼쳐지게 된다. 따라서 예전에 '숙어'라는 이름으로 동사 다음에 꼭 어떤 전치사가 나온다고 암기하던 것을, 그냥 동사의 힘의 연속성(예를 들어 미는 동작이 나오면, 밀리는 그 대상은 앞으로 나아간다)만 염두에 두면 동일한 방향의 전치사 종류 가운데 내가 마음먹은 대로 선택해서 말을 만들 수도 있게 된다.

unit
02

동사에서부터 이어지는 자연스러운 흐름을 이해하자.

주인공에서부터 움직이는 순서대로 단어를 나열하는 것이 영어 말하기의 핵심 원리이기 때문에, 주인공이 하는 동작이 결정되면, 이어지는 전치사는 동작의 힘의 종류와 방향성에 따라 거의 자동으로 결정이 된다.

영어를 제대로 하기 위해서는 가장 먼저 주인공에서부터 나오는 동작인 '동사'가 '전치사'로 자연스럽게 연결되는 흐름을 먼저 이해해야 한다.

사람들이 다리에서 걸어가고 있는 한 장면을 가지고 적용해 보도록 하자.

People walk on the bridge over the river.

이제 주어에서부터 단어들을 그림과 대조하면서 따라가 보자. 이 문장에서 눈여겨볼 단어들은 전치사 on과 over이다.

사람들 ▶ 걷다 ▶ on ▶ 다리 ▶ over ▶ 강

'사람들'이 주어이다. 그들이 하는 동작은 바로 walk이다. 그 다음에 **on the bridge**가 나왔다. 기존에 **on**에 대해 알고 있던 생각은 잊어버리고 그냥 사진을 보고 이해를 시도해 보자. 사람들이 걷는 동작과 다리(the bridge)사이에서 **on**이 어떤 관계를 가지고 있는가? '접촉하고 있는 관계'이다.

예전에 '**on**'하면 뒤에 이어지는 단어를 거꾸로 붙여서 해석하는 방식인 '~ 위에'라고 했을 것이다. 그러나 그림에서 보듯이

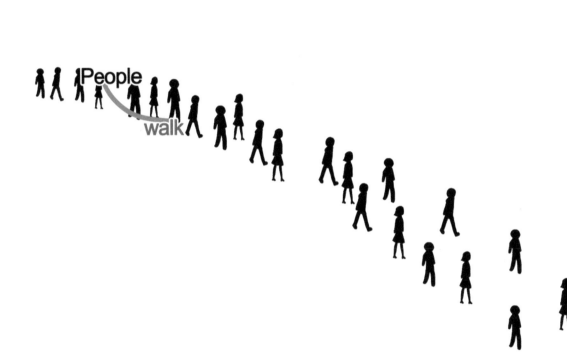

먼저 주인공인 **people** 사람들이 있고 이들이 **walk** 걷는데

걸으면서 발이 닿아서 면으로 접촉하게 되고, 그 대상이 다리 **the bridge**가 되는 것이다. 이것만 보아도 정말 영어가 주어에서부터 움직이는 순서 그대로 단어들이 나열된다는 확신이 들지 않는가?

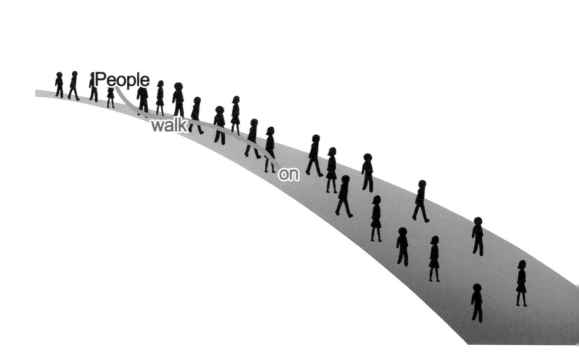

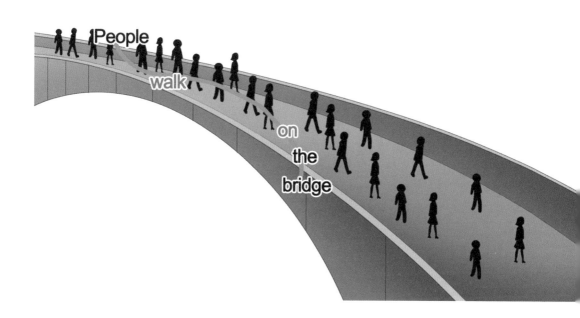

이제부터 **on**은 과거의 거꾸로 해석방법과는 결별을 하고, **'면으로 접하는 대상은 ~'**이
라고 이해하도록 하자.

그렇게 해야 하고 싶은 말을, 생각하는 순서대로 바로바로 만들어 낼 수 있고, 읽는 순서대로 듣는 순서대로 바로바로 이해를 해 나갈 수 있다.

이제 이 장면을 동작 중심으로 단순화시켜보았다.

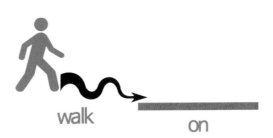

이렇게 주인공이 하는 동작이 결정되면, 이어지는 전치사는 동작의 힘의 종류와 방향성에 따라 거의 자동으로 결정이 된다.

이제 이어지는 그림을 더 살펴 보자.

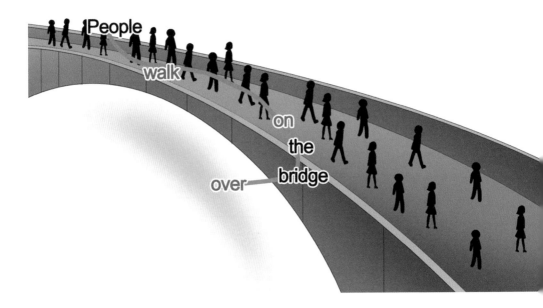

　　그림을 문장에 따라 더 확장(주어에서부터 순서대로)해 나가보면, 다리가 위에 덮고 있고 그 아래는 강이 존재하고 있다.

　　'over the river'를 뒤에 나오는 **the river**로부터 거꾸로 해석해서 올라와서 '강 위에 있는 다리'라고 해석하지 말고, 그냥 주인공의 입장에서 가까운 순서대로 이해를 해 나가면 그것이 바로 원어민식 이해이자, 말 만드는 방법이 된다.

　　주인공이 걸어가면서 면으로 접하는 대상이 다리이고, 그 다리를 기준으로 가까운 순서대로 말이 나아가면 된다. 다리를 기준으로 보면, 다리가 위에서 덮고 있듯이 있고, 그리고 그 아래에 보면 강이 있다. '**다리 ▶ 위에서 덮고 있고, 아래에 있는 것은(over) ▶ 강**'의 순서대로 단어가 나열된다. 이렇게 원어민 방식으로 단어가 나열된 순서대로 영어를 이해해 나가보니, over의 의미가 기존의 '~ 위에'가 아닌 '**위에서 덮고 있고, 아래에 있는 것은 ~**'으로 자연스럽게 바로 잡히게 된다.

　　이제 over를 '**위에서 덮고 있고, 아래에 있는 것은 ~**'으로 이해를 하자.

unit 3

숙어가 아니라, 동사 힘의 연속성이다.

문법이란 것도 알고 보면 원어민의 사고방식대로 주어에서부터 순서대로 그림을 그려가기 위한 도구이기 때문에, '복잡한 문법 용어'보다 말이 만들어 지는 원리가 먼저이다. 또한 주어에서부터 확장되는 사고의 핵심인 동사가 지닌 '힘의 방향'을 이해하면 암기없이 자연스러운 영어가 가능하다.

영어는 주어 다음에 등장하는 동사 중심의 언어라고 해도 지나치지 않을 정도로, 동사 중심으로 말이 만들어진다. 그런데 너무나 고마운 것은, 그 말이 만들어지는 흐름이 너무나 자연스럽다는 점이다. 그 자연스러움을 여러분 자신의 능력으로 만들기만 하면, 영어를 구사하는데 있어, 단어만 알면 편하게 말을 만들어 낼 수 있는 단계에 이르게 된다.

그래서 영어를 익히면서 가장 먼저 머리에 꼭 담아둘 것은, 동사로부터 시작되어 이어지는 힘의 연속성이다. **힘의 연속성이 눈에 보이고 익숙해지면 읽기, 듣기, 말하기까지 다 수월해진다.**

아래 그림은 야구 경기에서 포수가 공을 기다리는 장면이다.
동사의 힘의 연속성을 한번 제대로 이해해 보는 훈련을 해 보자.

A catcher waits for the ball.

포수 ▶ 기다리다 ▶ for ▶ 공

그림에서 보면, 포수가 앞을 보면서 기다리고 있다. 포수가 주인공이고, 그가 하고 있는 동작은, 앞을 바라보면서 기다리고 있는 **wait**이다.

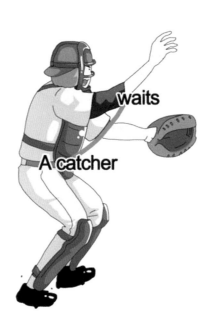

그 다음에 이 기다리는 동작 **wait**는 '목표로 하는 그림'을 자연스럽게 만들어 낸다. 이럴 때 사용되는 전치사가 바로 'for'이다.

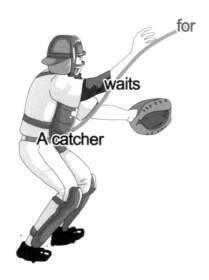

그리고 나서 목표로 하는 대상인 '공(the ball)'이 나온다.

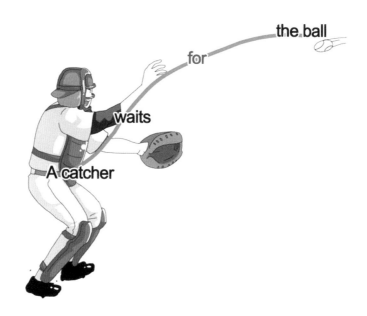

A catcher ▶ waits ▶ for ▶ the ball
투수 ▶ 기다린다 ▶ 목표로 하는 대상은 ▶ 공

이렇게 동사에서 나아가는 순서대로 말을 만들어 보면, 'for'라는 전치사의 의미가 기존에 배운 '~ 를 위해서'라고 하는 거꾸로 방식의 의미는 버려야함을 자연스럽게 깨닫게 될 것이다.

원어민이 말을 만드는 방식에 근거하여, 앞으로 나아가는 방향성에 맞춰 의미를 수정해 보면, '목표로 하는 대상은 ~'이라고 바꾸는 것이 당연하게 느껴지게 될것이다.

이와 같이 주어에서부터 물 흐르듯이 순서대로 흘러가는 영어의 특성을 이해하면 동사에 이어서 뒤에 어떤 전치사가 와야 할지 자연스럽게 예측이 가능하다. 그래서 기존에 동사와 전치사를 한 세트로 암기했던 '숙어'는 외울 필요가 없던 헛수고였던 것이다.

실제로 원어민을 만나서 우리가 외우는 숙어에 대해 보여주면, 그들은 우리가 동사와 전치사를 한 세트로 꼭 외워야 한다는 사실에 대해 상당히 의아해 한다. 왜냐하면 자신들은 그냥 동사를 결정하면, 이어지는 전치사를 거의 편안하게 마음먹는대로 자유자재로 가져다 붙일 수 있기 때문이다.

억지로 여러번 반복해서 외우기 보다, 이러한 직관적이고 자연적인 이해를 통하면, 그냥 한번 눈여겨 보기만 해도 즉각적인 말하기가 가능해 진다.

앞에 나온 장면을 단순한 이미지로 바꿔봄으로, 다시금 힘의 연속성을 이해하고 가자.

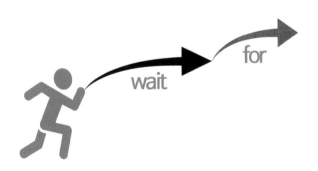

Memo

unit
04
4

동사의 흐름이 곧 전체 문장의 흐름을 결정한다.

주어 다음에 그 주어의 동작만 결정하면, 그 동작인 동사가 다음에 이어지는 전치사를 거의 자동으로 결정하게 되어 전체 문장의 흐름을 결정하게 된다.

영어 문장에서 주어 다음에 그 주어가 하는 동작을 결정하면, 그 동작이 그 이후에 이어지는 문장의 흐름을 거의 자동으로 결정한다!

이 원리를 아무리 말로만 많이 해 봐야 소용없고, 일단 영어로 말을 만들어가면서 더 살펴보도록 하자.

He holds the hose to pour the gasoline into the container in the gas station.

그는 ▶ 들고 있다 ▶ 호스 ▶ to ▶ 붓다 ▶ 휘발유 ▶ into ▶ 용기 ▶ in ▶ 주유소

영어는 문법이 이러쿵저러쿵 할 필요 없이, 그냥 주인공에서부터 시작해서 앞으로 확장해 나아가며 가까운 순서대로, 움직이는 순서대로 단어를 나열하면 그만이다. 무엇보다 주어에서 시작된 동작의 힘이 전체 문장을 좌지우지한다는 단순한 원리만 이해하면 영어의 뼈대를 다 잡은 것이나 다름없다.

이제 주인공에서부터 출발해서 말을 직접 만들어본다는 마음으로 차근차근 앞으로 나가보자.

주인공인 그(He)가 등장했다.

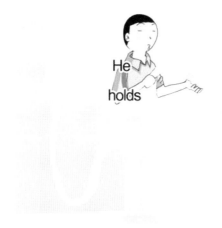

그가 들고 있는 동작(hold)을 취한다.

이제 이어서 그 들고 있는 동작의 대상인 호스(hose)가 나왔다.

그리고 난 다음에 이어진 말이 **to**이다.

to 다음에는 명사가 올 수도 있고, 동사가 이어질 수도 있다. **to** 다음에 동사가 이어지는 경우를 기존 문법에서 'to 부정사'라고 배워왔다. 하지만 이런 문법 용어는 여러분이 영어로 말을 하는데 조금도 도움이 되지 않는다.

to는 그냥 그림에서 보듯이 앞에 나온 말에 이어서 말을 만들어 가는 도구 정도로 이해하면 그만이다. 원어민들이 다들 언어 전문가나 학자가 되어 온갖 문법 용어를 알아서, 또 복잡한 공식과 이론을 익혀서 말을 만들어내는 것이 아니지 않겠는가?

그렇게 나아가서 하고자 하는 동작이 pour(부어 넣는다)이다.

이처럼 to는 주인공이 어떤 동작을 하고 나서, 이어지는 동작을 하기 위해서 붙이는
연결 도구로 생각하면 참 편리하게 사용할 수 있다.

앞에 나온 동작에 따라서 이어지는 동작이 결과가 될 수도 있고, 앞으로 하고자 하는
동작이 될 수도 있다. 그 구분도 공식을 외울 것이 아니라, 그냥 편하게 앞에 나온 동작을
기준으로 연속선상에서 이해하면 다 해결이 된다.

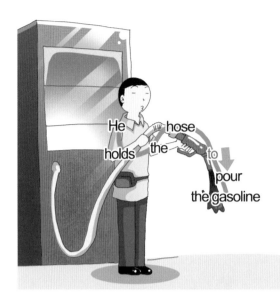

pour '부어 넣는다'라는 동작을 하겠다고 결정하면, 그다음에는 이어질 말들은 자연스럽게 추측이 된다. 당연히 대상이 나와야 하고, 그러고 나서 그 대상은, 어디론가 안으로 들어가야만 한다.

일단 부어 넣는 대상이 the gasoline(휘발유)이다.

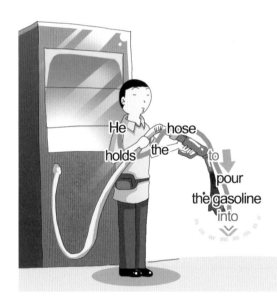

앞에서 예측한 대로, 안으로 들어가는 방향성을 가진 전치사 into가 등장했다.

into는 뒤에 어떤 단어가 이어지는 가가 중요하지 않다. 앞에 어떤 동작으로 인해 into가 이어져 나왔냐가 더 중요할 뿐이다. 뒤에 이어지는 그림을 보면, 휘발유가 들어가는 곳이 the container(용기)이다.

우리는 기존 학교에서 영어를 배울 때, 영어를 주로 한국어로 번역하는 해석 공부만 해 왔다. 그래서 into라는 전치사를 만나면 그냥 '~ 안으로'라고 기계적으로 외워서, 뒤에 이어지는 명사 중심으로 거꾸로 뒤집어서 '용기 안으로'라고 하나의 전치사구를 완성해서 해석하는 법을 익혀왔다. 이렇게 해서 해석과 번역은 된다. 하지만 영어로 말을 하거나, 바로 바로 영어를 들어야 하는 상황에서는 결코 도움이 되지 않는 벙어리, 귀머거리 영어가 될 뿐이다.

이제는 into를 만나면 뒤에 이어지는 명사에 먼저 눈을 돌리지 말고, 그냥 앞에 나온 동작에 이어서 '안으로 들어간다'라고 순서대로 차근차근 이해하면서 앞으로 나아가면 된다.

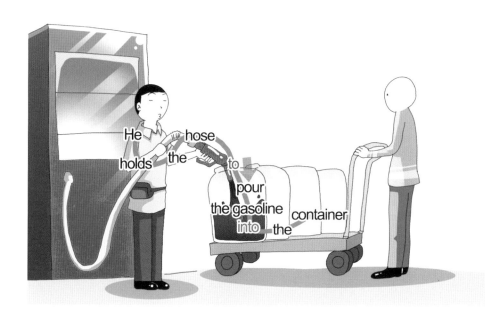

이제 그 휘발유가 들어가는 곳이 바로 **the container**(용기)임을 확인한다.

처음부터 죽 이해를 해 보면,

한 남자(그)가 주인공이다. ▶ 그가 하는 동작은 hold(들고 있다)이다. ▶ 들고 있는 대
상은 hose(호스)이고, ▶ to 나아가서 하고자 하는 바는 ▶ pour(부어 넣는다)라는 동작이
다. ▶ 그 동작의 대상은 휘발유(gasoline)이며, ▶ 그 휘발유가 안으로 들어가는데(into)
▶ 그것이 바로 the container(용기) 이다.

그리고 나서 이어지는 말이 '장소'이다.

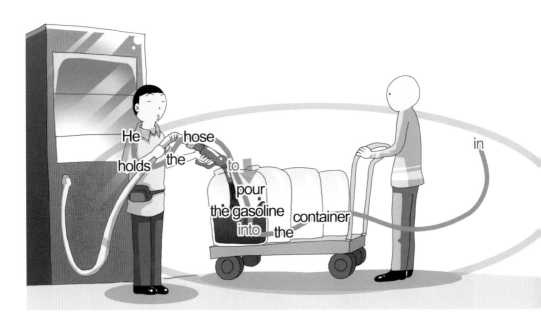

in 안에 있고, 둘러싼 장소가 ~

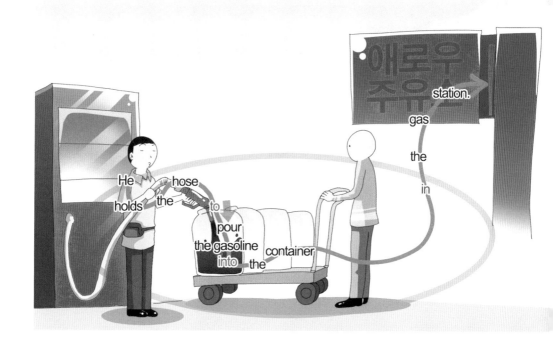

주유소 (the gas station)이다.

in the gas station도 '주유소안에서'라고 하지 말고, '안에 있고, 둘러싸고 있는 장소
는'이라고 이해하면 순서대로 바로바로 이해가 가능하고, 말을 만들어 갈 때에도, 주인공
을 중심으로 주인공이 안에 있음을 말하고, 둘러싸고 있는 곳이 무엇인지를 말해 나가면
되니, 참으로 편안한 영어 말하기가 된다.

전체 문장의 흐름에서 보았듯이, pour라는 동작은 대상이 뭐가 오든지 간에 그 뒤에 into라는 동일한 힘과 방향의 연장선 상의 전치사를 불러 온다.

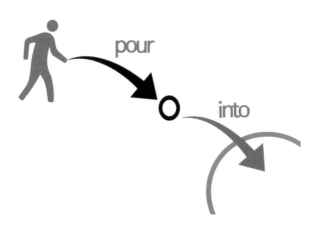

이렇게 동사에서 시작되는 힘의 연속성을 익숙하게 만들어 놓으면, 영어로 말할 때 동사만 먼저 결정하면 그 뒤는 자동으로 훅 이어져 나와 버리기 때문에 말하기가 유창해진다. 그리고 들을 때에도 동사만 제대로 들으면 그 뒤에 나오는 말들을 미리 예측까지 할 수 있으니 얼마나 듣기도 수월 해지겠는가?

이렇게 제대로 바로잡은 동사 하나가 영어에서 열 일을 하게 된다.

훈련을 조금만 더 해 보자.
주어가 나오고 동작이 dive(다이빙하다)라면 그 뒤는 어떻게 될까?
문법이 어쩌고, 문장 구조가 어쩌고 그런 말은 다 잊자.
그냥 상식적으로 생각하면 된다.
미국가면 거지도 영어한다는 농담이 있지 않은가? 영어를 모국어로 하는 원어민이라면 누구나 다 남녀노소 학력 상관없이 쉽게 영어를 하지 않는가? 원어민이라면 누구나 다

그렇게 쉽게 영어를 하는 방법이 있을 것 같지 않은가? 그것이 바로 자연적 사고에서 출발한 자연스러운 동작의 연속이다.

다이빙을 하면, 그 다음에는 당연히 '나아가서 안으로 들어가는' 동선이 나오지 않겠는가? 그래서 dive란 말이 나오면 거의 자동으로 into란 말이 따라오는 것이다.

A man dives into the river.

한 남자 ▶ 다이빙하다 ▶ 안으로 들어가고 그 곳은 ▶ 강
이 되는 것이다.

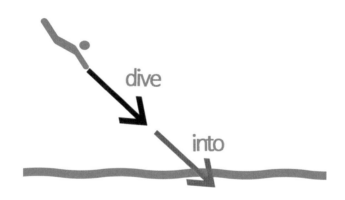

unit 5

주어에서부터 나아가며 가까운 순서대로 단어를 나열한다. 그것이 영어의 전부다.

이 단순한 원리만 내 것으로 만들면, 동작에서 시작된 동일한 힘과 방향성을 유지해 나가면서 쉽게 말을 해 나갈 수 있게 된다.

"영어는 왜 배웁니까?"라고 물으면 대부분의 사람이 "말하고 싶어서 ~"라고 한다. 그 말하기란 무엇일까? 그냥 인사 몇 마디, 물건 살 때 필요한 몇 마디, 여행가서 외국인 만났을 때 주고 받을 몇 마디를 외워서 말해 보는 것을 말할까?

영어 말하기를 하고 싶다고 할 때, 먼저 본인 스스로에게 '진정한 영어 말하기란 무엇인가?'라고 질문해 보았으면 좋겠다.

그냥 몇 마디 외워서 상대방에게 던져 보고, 상대방이 반응하는 것 자체로 즐거움을 느낀다면, 굳이 고생해서 영어 공부할 필요 없다. 그냥 글자도 알 필요 없고, 한국어로 영어단어 발음 익혀서 몇 문장 외우면 된다.

그러나 **자신이 하고 싶은 말이나, 생각을, 마음을 원어민에게 바로바로 영어로 전달하고 싶다면, 이것은 전혀 차원이 다른 문제이다.** 아마 사람들이 영어로 말을 하고 싶다고 했을 때는, 이 경우에 해당한다고 생각한다.

그런데 이 바램이 대한민국 땅에서는 왜 수십년이 흘러, 부모를 거쳐 자식 세대에 이르러도 해결이 되지 못하고 있는 걸까? 다른 일과 비교해 보았을 때, 참 어처구니없이 많은 시간과 노력을 들임에 비해 성과가 너무나 미비한 이유가 도대체 무엇일까? 이렇게, 한 개인만 그런 것이 아니라, 국가 전체, 국민 전체가 여러 세대에 걸쳐 열심히 한다고 해도 나아지지 않는다면, 새로운 접근이 필요하다. 이제는 나 자신의 열심의 문제가 아니라 방법의 문제이지 않을까 조심스럽게 생각을 해 보았으면 한다.

그동안 영어가 잘 안 되는 줄 알면서도 죽어라 똑 같은 방법을 고수한 이유가 고정관념 속에 빠져 있었기 때문이란 생각이 들지 않는가? 그저 **열심히 영문법을 공부하고, 필요한 문장이나 표현을 열심히 외우면 어느 날 입에서 영어가 터져 나올 것이란 막연한 생각**이 영어 공부를 이렇게 힘들게 만든 것이 아닐까?

전세계 4억명에 이르는 원어민들이 모두 다 문법도 모르고, 문장을 열심히 외우는 것도 아니지만 자연스럽게 영어로 말을 하며 일상의 삶을 살아갈 수 있는, 그 단순한 '원리'를 내 것으로 만드는데 집중하였으면 한다.

그 원리는 다름 아닌 '주어에서부터 나아가며 움직이는 순서대로, 가까운 순서대로 단어를 나열한다.'이다. 이것이 영어의 전부이다.

그 원리에 근거해서 사진 기사와 함께 말하는 훈련을 좀 더 해 보자.

영자 신문에 보면, 여러 페이지에 걸쳐 사진 기사가 등장한다. 그리고 요즘은 포털 사이트나 구글에서도 사진 기사는 쉽게 구할 수 있다. 각 영자신문사 홈페이지에 가면 엄청난 양의 영어 사진기사가 공짜로 여러분을 기다리고 있다.

사진 기사의 장점은 영어 문장이 완벽히 바로 이해가 되지 않아도 사진만 보아도 어떤 상황인지는 쉽게 먼저 파악이 된다는 점이다.

다음 페이지에 있는 장면을 영어로 말해 본다고 생각해 보자.

한국말로 장면을 설명해 보라고 하면 아마도 '한 남자가 물웅덩이를 통과해 자전거를 타고 간다.' 정도로 다 말할 수 있을 것이다.

영어로는 어떻게 말을 해야 할까?

영어는 '주인공을 먼저 말하고, 그리고 나서 그 다음은 무조건 동작인 '동사'를 말하면 된다.'라고 생각해라. 동작이 아닐 때는 존재를 나타내는 be 동사를 말하면 될 뿐이다. 두가지 말고는 경우의 수가 없으니 영어로 말 만들기가 얼마나 쉬운가?

한 남자가 큰 물웅덩이를 자전거를 타고 지나가고 있는 장면이다. '영어는 결코 어렵지 않다.'라고 마음먹고, 영어로 말을 만드는 핵심 사고인, '주인공에서부터 나아가며 가까운 순서대로 단어를 나열한다.'는 원리를 적용하면 된다.

그런데 이 원리를 이용해 말을 만드는 훈련의 가장 좋은 점이, 쉽다는 것이다. 그냥 영어 문장의 단어들과 사진의 부분 부분을 하나하나 서로 맞추어 나가 보기만 하면 된다는

것이다. 이제 본문의 영어단어를 순서대로 사진에 맞추어 살펴보자.

　사진에서 **a man**(주인공인 한 남자)에서 출발하면 된다. 주인공을 보고 손으로 찍은 뒤 그로부터 나가는 동작을 따라가며 사진과 붙어 나가면 된다. 이게 바로 원어민 엄마가 자기 자녀에게 영어를 가르치는 과정을 정확히 옮겨 놓은 것이다.

A man ▶ rides

주인공인 한 남자(a man)이 ▶ 타고 간다
그런데 동작의 진행성을 강조해서,
한 남자(a man) ▶ 이다 ▶ 타고 가는 중(riding)으로 만들어 보았다.

A man ▶ is ▶ riding

A man ▶ is ▶ riding ▶ his bicycle

타고 가는 동작의 대상이 다음에 이어져 나와야 함은 당연하다. 그 대상이 바로 his bicycle(그의 자전거)이다.

이제 여기서부터가 중요하다.

타고 가는 동작에 따른 앞으로 이어질 문장은 당연히 앞으로 나아가는 힘과 방향성이 나와야 한다.

그래서 가장 기본적인 전치사가 바로 to이다.

기본적으로 to를 사용하면 되지만, 강약 조절이나 다양성을 부여하면, 나아가는 방향성은 지키면서, 다양한 전치사들이 가능하다.

나아가긴 나아가는데 좀 더 가야 하면 - toward
└ to에다 w 물결처럼 좀 더 나아가야 함을 강조했다.

나아가긴 나아가는데 목표로만 할때는 - for

└ 마치 대포가 날아가듯이 목표만 중시하는 느낌이다.

나아가긴 나아가는데 안으로 치고 들어가면 - into

└ in을 가지고 와서 안으로 라는 의미를 더 했다.

나아가긴 나아가는데 가로 질러 가면 - across

└ 십자가인 cross란 뉘앙스를 가져와서 서로 가로지름을 표현했다.

나아가긴 나아가는데 통과하면 - through

나아가긴 나아가는데 위로 지나가면 - over

나아가긴 나아가는데 넘어서 가면 - beyond

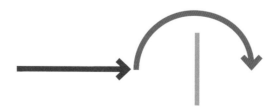

라고 표현한다.

뒤에서부터 거꾸로 거슬러 오면서 번역하는 영어가 아니라, 주인공 입장에서 동작을 결정하고, 그 동작에 따라 전치사가 자연스럽게 이어진다. 다양한 전치사가 오는 것 같아도 결국은 앞에 나온 동작과 동일한 힘과 방향성을 유지한다는 점을 주목하기 바란다. 다양성이 있어 보이지만 결국은 큰 틀에서는 하나라는 것이다. 그래서 힘의 연속성이 익숙해지면 영어로 말 만들기가 쉬워진다.

앞에 나온 장면에서 보면, 주인공이 탄 자전거가 웅덩이를 통과해서 간다. 그래서 to에서 좀 더 다양화 된 through를 사용해 보았다.

A man is riding his bicycle through a large puddle

한 남자 ▶ 이다 ▶ 타고 가는 중 ▶ 그의 자전거 ▶ 통과해 가는데 그 대상이 ▶
한 큰 웅덩이

A man is riding his bicycle through a large puddle of wasted water

그 웅덩이에서 말이 또 이어져 간다. 주인공 입장에서 먼저 웅덩이를 만나고 그리고 나서 전치사 of(관련된 대상은 ~)를 이용해서 그 웅덩이에 담긴, '버려진 물(오수)'를 확인 한다.

이처럼 밀접한 관련이 있음을 나타내는 말이 바로 of이다. of는 '~ 의'라고 거꾸로 해 석하지 말고, 그냥 앞에 나온 말과 밀접한 관련이 있는 뭔가가 이어지면 그냥 of라고 붙여 주면 된다.

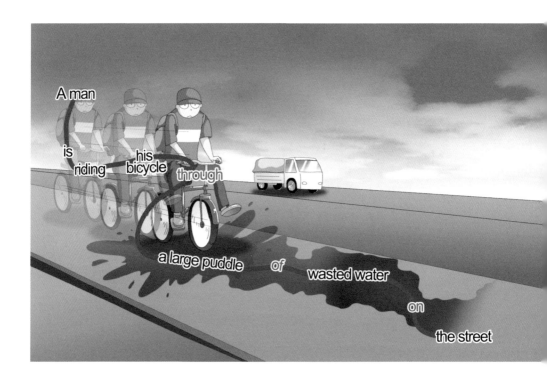

A man is riding his bicycle through a large puddle of wasted water on the street

그리고 나서 더 나아가보니, 그 물이 접하고 있는 거리가 나온다.

면으로 접하는 대상은(on) ▶ 거리이다.

실제 영문 기사에는 이렇게 눈에 보이는 사진의 내용 외에 추가로 더 내용이 있다.

A man is riding his bicycle through a large puddle of wasted water on the street during the repair of a water pipe in Beijing.

사진 기사 속에 다 나오지 않은 내용까지 다음과 같이 추가로 더 그려보았다.

앞에 나온 내용에 이어서 그림과 함께 말을 더 만들어 나가보자.

during이 등장했다. during은 뒤에 '진행중인 일'이 나온다. 예전의 '~ 하는 동안에'라는 의미는 잊어 주길 바란다. 그냥 앞에 나온 내용과 관련해서, 동시에 벌어지고 있는 일을 during을 이용해서 묘사한다고 생각하면 그것이 딱 원어민 사고이다.

그림에서 나오는 동선을 보면 더욱 분명하게 주인공에서부터 나아가며 확장해 가는 영어의 원리를 정확히 파악할 수 있다.

during 진행되는 일 ▶ the repair (수리 공사)이다.
그리고 이어서 of a water pipe (배수관)이 등장했다.

기존 해석하던 방법으로는 뒤에서부터 거슬러 올라와서 '배수관 수리 공사하는 동안에'라고 해석 했을 것이다. 하지만 철저히 주인공에서부터 나아가는 관점에서 영어를 만들고 이해하기 바란다. 읽을 때도 그렇게 이해하는 훈련을 해야, 영어 말하기, 쓰기, 읽기, 듣기가 한가지로 쉽게 해결이 된다.

'수리 공사' 다음에는 당연히 수리하는 대상이 나와야 한다. 그래서 수리 공사와 밀접한 관련이 있는 대상을 불러온다. 그래서 앞에서 배운 전치사 of를 이용해서, 수리 공사의 대상인 a water pipe (배수관)을 말하면 된다.

A man is riding his bicycle through a large puddle of wasted water on the street during the repair of a water pipe in Beijing.

그리고 이 모든 일이 일어난 곳이 바로 북경(Beijing)이다.

그래서 '안에 있고 둘러싼 곳'을 나타내는 in이란 전치사를 가져와서 in ▶ Beijing으로 말을 마무리한다.

이제 다시금 전체 그림을 두고, 주인공에서부터 순서대로 좍 ~ 정리를 한번 해 보자.

한 남자가 하고 있는 동작이 'is riding 타고 가고 있는 중'인 동작이다. 그 타고 가는 대상이 '그의 자전거'이다. 그리고 이어지는 through를 보고 자전거가 관통하는 대상을 확인한다. 주인공이 두 발을 들고 자전거를 타고 관통하는 대상이 바로 '하나의 웅덩이'이다. of를 통해 그 웅덩이와 관련된 내용물이 '버려진 물'임을 확인한다.

그 다음에 on을 보고서 그 웅덩이가 접해 있는 위치가 바로 'the street (거리)'라는 것을 보고 이어서 during이 등장한다. during은 '진행 중인 일이' 바로 'the repair (수리하는 일)'임을 알려준다. of를 통해 그 수리하는 일과 관련된 대상이 바로 'a water pipe (한 배수관)'임을 보고, in은 이 일들이 벌어진 장소가 바로 'Beijing (북경)'임을 알려준다.

번역이 어째 좀 어색하게 느껴지는가? 예전의 뒤집어 해석하던 습관 때문에 이런 식의 해석이 낯설게 느껴지지만, 사실 우리가 한국말을 읽을 때나 들을 때도 뒤에서부터 해석하는 사람은 없다. 모든 언어는 앞에서부터 단어가 등장하는 순서대로 이해하는 것이 당연한 이해 방법이다.

그런데 왜 우리나라의 영어 학습은 늘 영어는 꼭 뒤에서부터 해석하는 것이라고 가르치고 있는 것인가? 조금 발전했다고 하는 방법이 '끊어 읽기'라고 해서 중간중간 끊어서 덩어리를 만들어 뒤집어 해석하는 방법이다. 그렇게 하는 이유가 영어를 '우리말화'하려고 하기 때문이다. 지금까지 영어를 읽거나 들으면서 영어를 우리말로 바꾸는 데 주력한 것이지, 그 사람이 무슨 얘기를 하고 있는지, 그 말이 지금 어떤 내용을 전하고 있는지는 전혀 집중하지 않았다는 이야기이다.

앞에서 한 것처럼, 영어 문장과 사진이나 그림을 연결해 가면서 순서대로 이해만 해나가도 영어 문장을 이전에 말도 안 되게 거꾸로 뒤집어서 이해하던 방식은 저절로 바로잡히게 된다.

이렇게 하고 나서 영어 문장을 가리고, 사진만 보면서 말을 한번 해보자.

이렇게 하면 사진기사를 이해하는 단계를 넘어서 말하는 단계로 넘어가게 된다.

이 단계에서 영어단어가 생각이 안 나면 우리말 단어를 사용해도 된다. 그러나 가능하다면 전치사와 같은 기능어는 되도록 영어로 하고, 전체적으로 단어가 놓이는 순서를 꼭 지킬려고 집중하기 바란다. 그러면 다음과 같이 순서대로 말을 할 수 있게 될 것이다.

한 남자 ▶ 이다 ▶ 타고 가는 중 ▶ 그의 자전거 ▶ through (관통하는 대상은) ▶ 한 큰 웅덩이 ▶ of (관련된 것은) ▶ 버려진 물 ▶ on (면으로 접하는 위치는) ▶ 거리 ▶ during (진행 중인 일은) ▶ 수리공사 ▶ of (관련된 것은) ▶ 한 배수관 ▶ in (둘러싼 곳은) ▶ 북경

어떤가?

암기하지 않았지만 영어문장이 순서대로 생각이 나지 않는가?

지금 우리는 영어가 생각만큼 어려운 것이 아니고, 그냥 주어에서부터 가까운 순서대로 그림을 그려 나가면 된다는 사실을 확인하고 있는 것이다. 머리가 좋지 않아도 이 정도는 어렵지 않을 것이다. 신기하지 않는가? 필자도 처음 이렇게 해보고 스스로 깜짝 놀랐다. '어떻게 이게 가능하지?'하면서 의아해했던 기억이 지금도 생생하다.

이렇게 하면 영어 자체로 이해가 가능하게 되고, 하루에 사진 기사 하나를 머릿속에 넣는데 전혀 어려움이 없을 것이다. 그러면 단어도 아니고 하나의 문장을 한 달에 30여 개, 일 년이면 무려 360여 개씩이나 통째로 머릿속에 새길 수 있다. 그렇게 하다 보면 다양한 문장 형태를 만나게 되고 다양한 기능어들에 대한 훈련도 자연스럽게 이루어진다. 외우려고 하지 않았는데 저절로 영어 문장이 머리속에서 떠나지 않는 놀라운 경험을 매일하게 될 것이다.

게다가 처음엔 하루에 하나에 그치던 것이 실력의 가속도가 붙으면 하루에 5개 정도도 어렵지 않게 훈련할 수 있게 된다. 하루 5개면, 일 년에 1,825개의 문장을 습득하게 된다. 놀라운 일이 벌어질 것 같은 기대감이 샘솟지 않는가?

영어문장을 그냥 억지로 암기한다는 것은 너무나 힘든 일이다.

그러나 그것이 그림이나 사진과 함께 라면 얘기는 달라진다. 여러분도 몇십년이 지났지만 초등학교 동창 중에 이름은 몰라도 얼굴은 생각나는 친구들이 많지 않은가? 이와 마찬가지로 문장을 그림, 사진, 이미지로 입력하자!

'암기하자'가 아니다. 영어를 원어민 방식 그대로 머리에 입력하자는 것이다.

영어공부에 서광이 비칠 것이다.

unit 6

동사의 수많은 뜻을 외우지 않고 단 하나의 기본 의미로 꿴다.

기본 동사인 경우 그 의미가 수십개가 될 때도 있다. 그것들을 다 암기해서, 문장에서 만날 때마다 적합한 의미를 재빠르게 기억해 내고, 내가 말할 때에도 알맞게 사용한다는 것은 거의 불가능한 일이다.

이제 애로우잉글리시 방식을 통해 그 동안 거꾸로 잘못 이해했던 '동사의 의미'를 바로잡고, 암기할 수 밖에 없었던 동사의 그 많은 뜻들을 하나로 통합하여 배워보자.

일단 아래 사진과 영어 문장을 한번 보자.

The dam opens its floodgates to release water.

댐 ▶ 열다 ▶ 홍수조절문들 ▶ 나아가서 하려는 바는 ▶ 방류하다 ▶ 물

*floodgate 홍수조절문

댐(the dam)이 주어이다. 동작은 열었다(opens)이다. 대상은 그것의 홍수조절문들(its floodgates)이다. 그리고 나서 to release가 이어진다. to의 기본적 의미는 '나아가서 만나는 대상은 ~'이다. 그런데 이번에는 to 다음에 동작이 나왔다. 이런 경우는 그냥 편하게 '나아가서 하고자 하는 동작은 ~'이라고 하면 된다. 앞 동작의 하고자 하는 목적이 release 방류하는 것이다. 그 대상은 '물'이다. 이렇게 주어에서부터 시작해서 나아가는 순서대로 문장을 이해해 나가면 된다. 'to 동사'도 이 단순한 원리로 쉽게 다 이해가 되는 것이다.

이제 더 나아가, 동사 release에 대해서 좀 더 알아보자.

release

동사 –

1. 〈사람 · 동물을〉 석방[방면]하다, 놓아주다, 해방시키다 ((from)) free
   (release+[목]+[전]+[명]) release a person from slavery
   …을 노예 신분에서 해방하다
2. 풀어놓다, 떼어놓다; 〈폭탄을〉 투하하다 ((from))
   (release+[목]+[전]+[명]) release a bomb from an airplane
   비행기에서 폭탄을 투하하다
3. 면하게 하다, 해제하다 ((from)); [법] 면제하다
   (release+[목]+[전]+[명]) be released from the army 제대하다
   release a person from a debt …을 빚에서 면하게 하다
4. 참〈영화 등을〉 개봉하다; 〈레코드 등을〉 발매하다;
   〈뉴스 등을〉 발표하다, 공개하다
   (release+[목]+[전]+[명]) release the letter for publication
   그 서한을 공개하다
   release a statement to the press
   보도진에 성명을 발표하다
5. 〈식료품 · 물자 등을〉 방출하다
6. (기계) 내뿜다, 방출하다
7. [법] 〈권리 등을〉 포기하다, 기권하다; 양도하다
8. 〈핸드 브레이크 등을〉 풀다

명사 –

1. 석방, 방면; 면제, 해제; 해방[석방] 영장; 구출, 구제 ((from))
2. 발사, (폭탄의) 투하
3. 공개(물); 개봉 (영화); (뉴스 등의) 발표(물); (레코드 등의) 발매(물); 허가(품)
4. 방출(품)
5. (법) 기권 (증서), 양도 (증서)
6. (기계) (기체의) 배출 (장치)
7. (핸드 브레이크 등의) 해제 버튼[핸들]
8. (카메라의) 릴리스

어느 영한사전에 실린 **release**의 설명의 일부이다.

보다시피 동사, 명사 합쳐서 사실상 20개가 넘는 의미들이 줄줄이 나열되어 있다. 이걸 모두 암기한 다음, 문장에서 만날 때마다 맞는 의미를 재빠르게 기억해 내고, 더 나아가 어떤 상황에 맞닥뜨리던 간에 거기에 알맞게 사용한다는 것은 거의 불가능하다.

[
폭탄을 투하하다

군인을 제대시키다

영화를 개봉하다

노예를 해방하다

음반을 발매하다

성명을 발표하다

권리를 포기하다

서한을 공개하다
]

우리말에선 보다시피 앞의 목적어(폭탄, 군인, 영화 등)에 따라 뒤에 이어질 동사를 예측할 수 있다.

그러나 영어는 주어에서부터 순서대로 나가면서 동사가 나온 다음에 목적어(대상)가 나오기 때문에, 동사까지만 보고서는 뒤에 나올 목적어(대상)를 예측하는 건 거의 불가능하다.

그래서 동사 뒤의 대상이 나오기 전까지는 동사의 의미가 '투하하다'인지 '제대시키다'인지 '개봉하다'인지 알 도리가 없다는 말이다.

우리는 동사가 '다의어'라고 생각해서 수많은 의미를 외운 다음에 '이것 아니면 다른 것이란 식'으로 적합한 의미가 나올때까지 끼워 맞추는 방식으로 공부해 왔다. 이렇게 기계적으로 외우면 다음과 같은 **문제점**이 생긴다.

1) 일단 30~40개의 의미를 다 외우는 것 자체가 불가능하다.

2) 힘들게 외워도 금방 잊어버려 무용지물 된다.

3) 어렵게 수십 개의 뜻을 다 외웠다 할지라도, 그 여러 뜻 중 여러분이 읽는 문장에 쓰인 그 단어의 의미가 어느 것인지 알아내기는 더 힘들다.

그렇다 보니 한 단어의 다양한 의미는 그냥 보기 좋은 그림의 떡이 될 뿐이다.

더 황당한 경우는 사전에 없는 뜻으로 사용되는 경우이다. 가끔 사전에 없는 뜻을 원어민들이 만들어 쓰는 경우도 있다. 그런 경우는 사전을 뒤져봐도 해석이 안 되는 경우가 허다하다.

게다가 사전은 한번 만들어 놓고 나면 일정 기간 동안, 심지어는 몇십 년이 지나도 그대로인 경우도 있고, 요즘처럼 세상이 정신없이 변할 때는 새로운 분야의 신조어들을 그 사전에 제대로 다 수정·첨가·보완할 수가 없기 때문이다.

이제 예전의 기계식 암기방식이 아니라, 다음과 같이 **하나의 기본 의미**를 가지고, 그 뒤에 이어지는 순서대로 앞으로 나아가며, 등장하는 단어와 더하여 최종 의미를 완성해야 한다.

하나의 기본 의미 + 폭탄 → 투하하다

영화 → 개봉하다

권리 → 포기하다

성명 → 발표하다

음반 → 발매하다

물 → 방류하다

이제 앞서 공부한 사진기사를 다시 보자.

The dam opens its floodgates to release water.

주어인 댐(dam)에서 이어지는 동작 release는 '잡고 있다가 힘 있게 가게 하는 힘'이다. 따라서 '잡고 있다가 힘 있게 가게 하다'를 release의 기본의미로 파악하자.

> **잡고 있다가 힘 있게 가게 하다 + 물 → 방류하다**

The fighter is releasing bombs toward the enemy.

원어민 방식의 이해

잡고 있다가 힘 있게 가게 하는 동작 + 폭탄 → 투하하다, 발사하다

전투기 ▶ 이다 ▶ 투하하는 중 ▶ 폭탄들 ▶ 향해가는 대상은 ▶ 적

The company released new products to the market.

원어민 방식의 이해

잡고 있다가 힘 있게 가게 하는 동작 + 신제품들 → 출시하다

회사 ▶ 출시했다 ▶ 신제품들 ▶ 나아가 만나는 대상은 ▶ 시장

Firefighters took two hours to release the driver from the wreckage.

잡고 있다가 힘 있게 가게 하는 동작 + 갇힌 사람 → 빼내다

소방관들 ▶ 걸렸다 ▶ 두 시간 ▶ 나아가 하고자 하는 바는 ▶ 빼내다 ▶

운전자 ▶ 출발지는 ▶ 부서진 자동차 잔해

The new law released employers from their obligation to recognize unions.

잡고 있다가 힘있게 가게 하다 + 사람 → 해방시키다

그 새 법률 ▶ 해방시켜주다 ▶ 고용주들 ▶ 출발지는 ▶ 그들의 의무 ▶

나아가서 해야 하는 바는 ▶ 인정하다 ▶ 노조들

She burst into tears, releasing all her pent-up emotions.

잡고 있다가 힘있게 가게 하다 + 감정들 → 쏟아내다

그녀 ▶ 터지다 ▶ 안으로 들어가고 둘러싸고 있는 것은 ▶ 울음, 쏟아내면서

▶ 모든 그녀의 억눌러져 있던 감정들

She releases the ball to the basket.

원어민 방식의 이해   잡고 있다가 힘있게 가게 하다 + 공 → 쏘다

그녀 ▶ 쏘다 ▶ 공 ▶ 나아가서 만나는 대상은 ▶ 골대

10000 balloons were released at the ceremony.

원어민 방식의 이해

잡고 있다가 힘있게 가게 하다 + 풍선 → 날려보내다.

1만 개 풍선들 ▶ 였다 ▶ 날려 보내지다 ▶ 점으로 접하는 장소는 ▶ 그 기념식

He refused to release her arm.

원어민 방식의 이해

잡고 있다가 힘있게 가게 하다 + 신체일부 → 놓아주다

그 ▶ 거절했다 ▶ 나아가서 하려는 바는 ▶ 놓아주다 ▶ 그녀의 팔

Intense heat is released in the reaction.

원어민 방식의 이해

잡고 있다가 힘있게 가게 하다 + 열기 → 방출하다

격렬한 열기 ▶ 이다 ▶ 방출되다 ▶ 안에 있고 둘러싸고 있는 것은 ▶ 그 반작용

release a prisoner/hostage

원어민 방식의 이해   잡고 있다가 힘있게 가게 하다 + 죄수 → 석방하다

석방하다 ▶ 한 죄수/인질

release the clutch/handbrake.

원어민 방식의 이해

잡고 있다가 힘있게 가게 하다 + 클러치 / 핸드브레이크 → 풀다

풀다 ▶ 클러치 / 핸드 브레이크

Police released further details about the accident.

원어민 방식의 이해

잡고 있다가 힘있게 가게 하다 + 내용들 → 공개하다

경찰 ▶ 공개했다 ▶ 더 자세한 내용들 ▶ 주제는 ▶ 그 사건

release a movie / book / CD

원어민 방식의 이해

잡고 있다가 힘있게 가게 하다 + 영화 / 책 / CD → 개봉하다, 발간하다, 발매하다

개봉하다, 발간하다, 발매하다 ▶ 영화 / 책 / CD

The government releases the funds.

원어민 방식의 이해   잡고 있다가 힘있게 가게 하다 + 자금 → 풀다

그 정부 ▶ 풀다 ▶ 자금

release a statement to the press

원어민 방식의 이해   잡고 있다가 힘있게 가게 하다 + 성명 → 발표하다

발표 하다 ▶ 성명 ▶ 나아가 만나는 대상은 ▶ 언론

The club is releasing some of its older players.

잡고 있다가 힘있게 가게 하다 + 선수들 → 방출하다

그 클럽 ▶ 이다 ▶ 방출하는 중 ▶ 몇 명 ▶ 관련되어 있는 대상은 ▶

나이 많은 선수들

You need to release the tension in these shoulder mus-
cles.

잡고 있다가 힘있게 가게 하다 + 긴장 → 풀어주다

당신 ▶ 필요가 있다 ▶ 나아가 해야 하는 바는 ▶ 풀어주다 ▶ 긴장 ▶

안에 있고 둘러싼 것은 ▶ 이 어깨 근육들

2부

필수동사,
단 하나의 기본 의미로
여러 의미들을 한방에
해결

이번 챕터 에서는 설명이 미리 좀 필요할 것 같다.

지금까지 동사에서 출발한 힘의 연속성을 이해하고 배웠다. 동사를 제대로 바로잡으면, 그 동사가 그 다음에 이어지는 문장 구조를 정해주니 얼마나 획기적인가?

그래서 영어 공부의 제대로 된 시작은 동사에서부터 시작해야 하는 것이다. 그래서 이 책의 제목을 감히 '동사 혁명'이라 지은 것이다. 필자는 '동사 혁명'이란 이름이 그냥 단지 마케팅 용으로 사람들의 관심이나 끌기 위한 것이 아님을 분명히 하고 싶다.

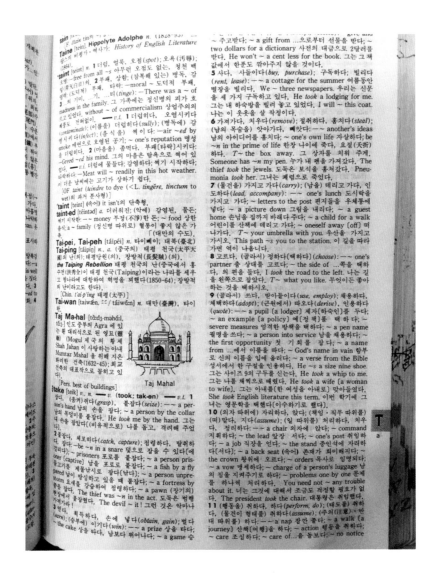

그리고 동사에는 힘의 연속성 외에 또 다른 놀라운 능력이 내재되어 있다. 그건 바로 동사는 하나의 의미만 가지고 있는 것이 아니라, 다양한 의미로 사용이 될 수 있다는 것이다. 동사마다 활용도가 다르지만, 특히 필수 동사라고 할 수 있는 일상에서 너무나 빈번하게 사용되는 동사들은, 한 동사가 만들어내는 의미는 수십가지에 달한다.

지금이라도 take라는 동사를 사전에 찾아보아라. 집에 있는 아무 사전이나 펼쳐 보라. 그럼 다음과 같이 take 하나에 담긴 의미가 엄청나게 많음을 확인할 수 있을 것이다. 무려 3페이지에 걸쳐 엄청난 의미들이 나열되어 있다.

이렇게 많은 의미들을 보는 순간 '**세상에나 미치겠네 포기다 포기 ~~ 이걸 어떻게 다 외우냐?**'라는 말이 저절로 나오게 될 것이다. 그런데 이렇게 한번 생각해 보면 어떨까? 역발상으로 바라보면, '이렇게 많은 의미들이 한 단어인 take만 사용하면 다 해결된다.'라는 기쁜 소식이 된다.

사용자 입장에서 보면 이렇게 많은 말을 하고 싶을 때, 늘 다른 동사를 사용하는 것이 아니라 그냥 동사 **take** 하나만 사용하면 되니 이런 대박이 어디 있겠는가?

이번 챕터에서는 이런 동사의 놀라운 능력을 이해하고, 필수 동사 중심으로 훈련을 좀 해 보고자 한다.

벌써 가슴이 두근거리지 않는가?

한마디로, **영어의 비밀 병기**를 가지게 되는 것이다.

가장 먼저 **take**란 동사부터 시작해 본다.

Memo

unit

07

자신의 것으로 만드는 take

정말 take만큼 원어민이 좋아하는 동사도 없을 듯하다. 온갖 곳에 take를 다 가져다 사용한다. 그만큼 활용도가 높은 아주 요긴한 동사이다.

1 대상을 확 잡아 내 것으로 하는 동작

'그(He)'가 주어이다.

그 주어가 하는 동작이 **took(잡았다, take의 과거형)**이다.

그 대상이 '**로프(the rope)**'이다.

그리고 나서 나아가며 (to) 하고자 하는 바가 살아남는(survive) 것이다.

He took the rope to survive.

원어민 방식의 이해

그는 ▶ 잡았다 ▶ 로프 ▶ 나아가서 하려는 바는 ▶ 살아남다

기존 방식의 이해

그는 살아남기 위해 그 밧줄을 잡았다.

She walked to me and took my hand.

그녀는 ▶ 걸었다 ▶ 나아가서 만나는 대상은 ▶ 나 ▶ 그리고 ▶ 잡았다 ▶ 나의 손

기존 방식의 이해

그녀는 나에게 걸어왔고 내 손을 잡았다.

좀더 훈련을 더 해 보자.

내가 영어로 말하고 싶은 장면이 눈 앞에 있을 때나 머리속에 있을 때, 일단 주인공이 잡는 동작이 들어가면 take를 사용하고 보면 된다.

한국말로 일대일 대응을 시켜서 늘 새로운 단어를 익히려고 하지 말고, 기본 동작 중심으로 사고하는 훈련을 하면 몇 개 안되는 필수 동사로 다양한 말을 만들어 낼 수 있는 효과적인 영어 구사자가 되는 것이다.

AE 기본 개념 확장

확 잡아 내 것으로 하는 동작 + 싫은 상황 → 감수하고 참으며 받아들인다.

She can't take criticism.

원어민 방식의 이해

그녀 ▶ 할 수 없는 바는 ▶ 참다 ▶ 비판

I can't take the stress.

원어민 방식의 이해

나 ▶ 할 수 없는 바는 ▶ 참다, 견디다 ▶ 스트레스

확 잡아 내 것으로 하는 동작 + 남의 생각(말) → 받아들이다

I take punishment.

원어민 방식의 이해 나 ▶ 받다 ▶ 벌

I'll take the job.

원어민 방식의 이해 나 ▶ 앞으로 할 바는 ▶ 받아 들이다 ▶ 그 일자리

He won't take my advice.

원어민 방식의 이해

그 ▶ 앞으로 하지 않을 바는 ▶ 받아들이다 ▶ 내 충고

기존 방식의 이해

그는 내 충고를 받아들이려 하지 않는다.

The school doesn't take boys.

원어민 방식의 이해 그 학교 ▶ 하지 않는 바는 ▶ 받아 들이다 ▶ 남학생들

The dentist can't take any new patients.

원어민 방식의 이해

그 치과 의사 ▶ 할 수 없는 바는 ▶ 받아 들이다 ▶ 어느 새 환자들

Don't take it personally.

원어민 방식의 이해 하지 마라 ▶ 받아 들이다 ▶ 그것 ▶ 사적으로

Take it easy.

원어민 방식의 이해 받아 들여라 ▶ 그것 ▶ 쉽게

확 잡아 내 것으로 하는 동작 + 온도 → 온도를 재다

Students are taking their temperatures together in class.

이번에 보이는 장면에서, 주인공들은 체온계를 입에 넣고 체온을 재고 있다. '체온을 재고 있다'라는 동작은 어떤 동사를 사용해야 할까? 여러분이 이런 상황에 직면하면 갑자기 난감해질 수도 있다.

그러나 장면에서 '**잰다**'는 동작은 입으로 잡는 동작이다. 손으로 잡던, 입으로 잡던 간에 잡는 동작이 나오면 무조건 take를 사용하면 된다.

차근차근 한번 말을 만들어 가보자.

School students

주인공은 '**학교 학생들**'이다.

School students

그 학생들이 있는데

학교 학생들이 ▶ 있는데 ▶ 재고 있는 중이다. 입으로 온도계를 잡고 있어서 그냥 '잡다'란 기본 동사인 take를 사용했다.

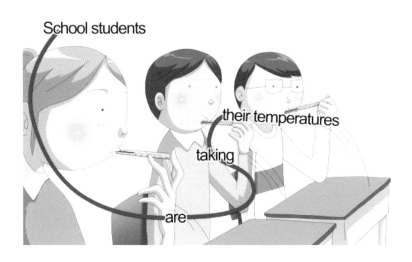

측정하는 동작의 대상은 '**그들의 온도들**'이다.

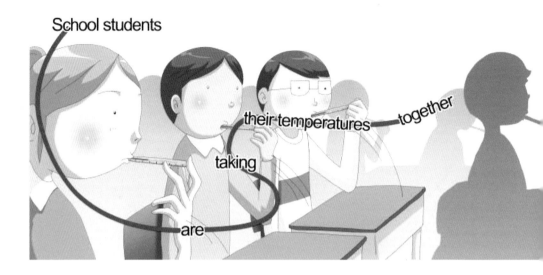

함께 하고 있다.

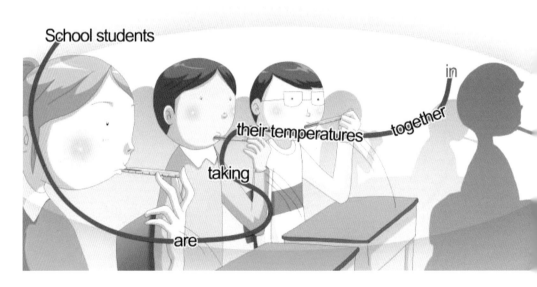

장소는 안이고, 둘러싸고 있는 것은 ~

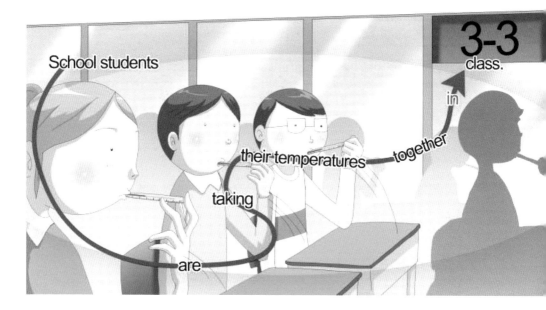

수업(class) 이다.

전체를 다시 한번 더 죽 정리하면,

학교 학생들 ▶ 있다 ▶ 재고 있는 중 ▶ 그들의 온도들 ▶ 안에 있고, 둘러싸고
있는 것은 ▶ 수업

기존 방식대로, '**학생들이 수업 중에 자신들의 온도를 재고 있다**'라는 해석은 영어 문
장을 보고 거꾸로 뒤집어 해석하지 않아도, 그냥 이렇게 전체 그림이 다 그려지고 순서대
로 이해가 되고난 다음에 한국말로 설명하고자 하면 자연스럽게 입에서 나온다.

우리는 한국말을 자유자재로 구사하는 원어민이라는 사실을 잊지 말자. 그래서 굳이
영어 문장을 한국말로 거꾸로 해석하고 번역하는 훈련 중심으로 영어 공부를 할 필요는
없는 것이다.

AE 기본 개념 확장

확 잡아 내 것으로 하는 동작 + 판매하는 물건 → 선택해서 사다

I'll take the grey jacket.

원어민 방식의 이해

나 ▶ 앞으로 할 바는 ▶ 사다 ▶ 회색 재킷

기존 방식의 이해 *회색 재킷으로 (선택)하겠어요[사겠어요].*

AE 기본 개념 확장

확 잡아 내 것으로 하는 동작 + 공간 → 차지하다(빌리다, 점령하다)

We took a room at the hotel for two nights.

원어민 방식의 이해

우리 ▶ 잡았다 ▶ 방 ▶ 장소는 ▶ 호텔 ▶ 목표로 하는 기간은 ▶ 두 밤

기존 방식의 이해

우리는 그 호텔에서 이틀 밤을 머물 방을 하나 빌렸다[잡았다].

I take a VIP seat at a theater.

원어민 방식의 이해

나 ▶ 예약하다 ▶ 특별석 ▶ 장소는 ▶ 극장

기존 방식의 이해 *나는 극장의 특별석을 예약하다.*

The Russian army took the town.

원어민 방식의 이해

러시아군 ▶ 점령했다 ▶ 그 마을

기존 방식의 이해 *러시아 군이 그 마을을 점령했다.*

확 잡아 내 것으로 하는 동작 + 사람(사람의 생각) → 매료시키다(빼앗다)

He took the whole audience.

원어민 방식의 이해

그 ▶ 매료시켰다 ▶ 모든 청중

기존 방식의 이해

그는 모든 청중을 매료시켰다.

Cancer took him.

원어민 방식의 이해

암 ▶ 빼앗았다 ▶ 그

기존 방식의 이해

암이 그의 목숨을 빼앗았다(그는 암으로 죽었다).

AE 기본 개념 확장

확 잡아 내 것으로 하는 동작 + 이동수단 → 타다

I took a taxi to the company.

원어민 방식의 이해

나 ▶ 탔다 ▶ 택시 ▶ 나아가 도착한 곳은 ▶ 회사

기존 방식의 이해

나는 회사에 택시를 타고 갔다.

If you want to go to city hall, you should take that bus.

원어민 방식의 이해

조건은 ▶ 당신 ▶ 원하다 ▶ 나아가 하고자 하는 바는 ▶ 가다 ▶ 도착지는

▶ 시청, 당신 ▶ 해야만 하는 바는 ▶ 타다 ▶ 그 버스

기존 방식의 이해

시청에 가고 싶다면 저 버스를 타야 해요.

AE 기본 개념 확장

확 잡아 내 것으로 하는 동작 + 음식, 약 → 먹다, 섭취하다

I took my medicine.

원어민 방식의 이해

나 ▶ 먹었다 ▶ 내 약

기존 방식의 이해   *나는 약을 먹었다.*

02 대상을 확 잡아 내 것으로 하는 동작 + 행동
→ 특정 행동을 선택해서 하다

A man takes a rest amid leaves which have fallen off a tree.

take a rest

원어민 방식의 이해 취하다 ▶ 쉼 ⇒ 잠시 쉬다

한 남자 ▶ 잠시 쉬다 ▶ 한 가운데 있고 둘러싸고 있는 것은 ▶ 잎들 ▶ 그것이
▶ 한 적이 있는 바는 ▶ 떨어졌다 ▶ 분리된 대상은 ▶ 한 나무

확 잡아 내 것으로 하는 동작 + 행동 → 특정 행동을 선택해서 하다

I'd like to take a nap

원어민 방식의 이해 취하다 ▶ 낮잠 ⇒ 낮잠 자다

기존 방식의 이해 *낮잠 좀 자고 싶어.*

take measures

원어민 방식의 이해 취하다 ▶ 조치 ⇒ 조치하다

take action

원어민 방식의 이해 취하다 ▶ 행동 ⇒ 행동하다

take counsel

원어민 방식의 이해 취하다 ▶ 상담 ⇒ 상담하다

take care

원어민 방식의 이해 취하다 ▶ 조심 ⇒ 조심하다

take a walk

원어민 방식의 이해 취하다 ▶ 산책 ⇒ 산책하다

take a trip

원어민 방식의 이해 취하다 ▶ 여행 ⇒ 여행하다

take a bath.

원어민 방식의 이해 취하다 ▶ 목욕 ⇒ 목욕하다

> **확 잡아 내 것으로 하는 동작 + 행동 → 특정 행동을 선택해서 하다**

take a shower

원어민 방식의 이해   취하다 ▶ 샤워 ⇒ 샤워하다

I don't have time to take a shower.

원어민 방식의 이해

나 ▶ 하지 않는 바는 ▶ 가지다 ▶ 시간 ▶ 나아가 가능한 바는 ▶ 샤워하다

기존 방식의 이해

난 샤워할 시간이 없어.

take a test

원어민 방식의 이해   취하다 ▶ 시험 ⇒ 시험치다

I took my driving test three times before I passed.

원어민 방식의 이해

나 ▶ 치다 ▶ 나의 운전면허 시험 ▶ 세번 ▶ 그리고나서 ▶ 나 ▶ 합격했다

기존 방식의 이해

나는 운전면허 시험을 세 번 치고서 합격했다.

3 필요로 하다
(그래서 확 잡아 자기 것으로 한다)

> **필요해서 있어야하는 것이 어느 정도의 시간이면 ⇒ 그 시간이 걸린다는 말이다.**

It took two hours for him to finish his homework.

원어민 방식의 이해

그것 ▶ 필요로 했다 ▶ 두 시간 ▶ 적용되는 대상은 ▶ 그 ▶ 나아가서 마치다 ▶ 그의 숙제

기존 방식의 이해

그는 숙제를 끝내는 데 두 시간 걸렸다.

It took two hours for me to drive here.

원어민 방식의 이해

그것 ▶ 필요로 했다 ▶ 두 시간 ▶ 적용되는 대상은 ▶ 나 ▶ 나아가서 운전하다 ▶ 여기로

기존 방식의 이해

여기까지 운전해서 오는 데 두 시간이 걸렸어.

It takes two hours for me to get home.

원어민 방식의 이해

그것 ▶ 필요로 하다 ▶ 두 시간 ▶ 적용되는 대상은 ▶ 나 ▶ 나아가서 도착하다 ▶ 집에

기존 방식의 이해

내가 집에 가는 데 두 시간이 필요하다.

04
대상을 확 잡아 이동시키다
(take ~ to / take ~ from)

'**잡다**'라는 '**잡는다**'는 동작일 뿐이다. 방향성은 없다. 그래서 다양한 전치사를 더해서 방향성을 더해주면 된다.

그냥 '**잡다**'의 기본 개념을 가진 take가 전치사와 만날 때, 방향성이 생긴다. 잡아서 내 쪽으로 가져오면 ← 의 방향성이 생기고, 잡아서 가지고 가면 → 의 방향성이 생긴다.

사진기사를 통해 동사의 기본 개념 확장과 힘의 연속을 적용해 보고, 훈련해 보도록 하자.

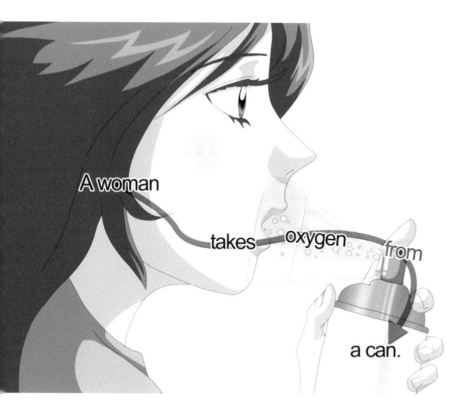

take는 주어가 눈 앞에 있는 것을 취해 자신의 것으로 하는 동작을 말한다.
그래서 '**잡다**'란 기본 개념에서 발전해서, 취하는 것이니, '**호흡하다, 마시다**'도 된다.

A woman takes oxygen from a can.

한 여성 ▶ 흡입한다 ▶ 산소 ▶ from ▶ 캔

그냥 주어에서부터 순서대로 그림을 따라 이해해 보자.

주어가 한 여성이다. 그 여성이 하는 동작은 '**마시다, 흡입하다**'이다. 그 대상은 산소
(oxygen)이다. 그리고 나서 전치사 from이 이어져 온다. 앞에서 하는 동작이 빨아 당기는
동작이니 당연히 산소는 어딘가에서 나와야 하므로 '**나아오며, 출발지는 ~**'이란 의미를
가진 전치사 from은 자연스럽게 따라붙는다. 그 출발지가 바로 **산소 캔(can)**이다.

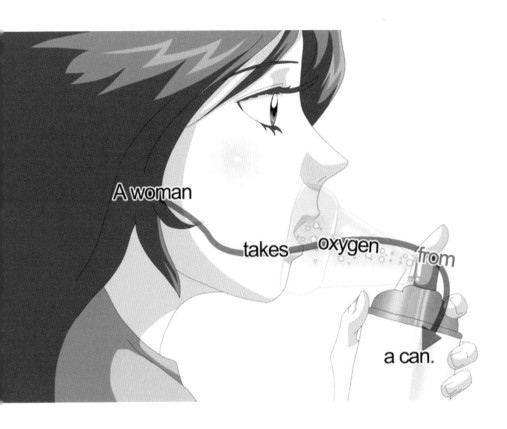

사진(그림)에 보면 주인공인 한 여성이 하고 있는 동작은 '**흡입하다, 마시다**'이다.

이런 경우 보통은 바로 사전을 펼쳐 take의 의미 가운데 '**흡입하다, 들이마시다**'란 의미를 찾아내야 그제서야 안도의 숨을 쉬면서 'take에 이런 의미가 있었구나'라고 생각하게 된다.

위 예처럼 동사 take를 '**흡입하다**'로 암기하면 소수의 특정상황에서는 사용할 수 있겠지만 이와 같은(take=흡입하다) 번역을 위한 개별적인 의미들이 많아지면, 다양한 상황과 문장 속에서 의미를 재빠르게 기억해 낸다는 것은 불가능하다. 물론 말도 바로바로 하지 못한다. 따라서 어떤 상황이든 적용되는 동사의 핵심적인 기본 이미지를 파악해야만 다양한 문장과 상황에 적용이 가능해진다.

take는 기본적으로 '앞에 있는 대상을 확 취해 자신의 것으로 하는 동작'이다.

장면에서 보듯이 '**잡다**'라는 기본 개념을, '**마신다**'로 확장했다. '**마신다**'는 동작의 움직임은 당연히 주어 쪽으로 잡아당기는 힘의 방향성을 만들어 낸다. 그렇다 보니 자연스럽게 주어 쪽으로 나아오는 전치사가 와야 한다. 그래서 '**나아오고 출발점**'이 어딘지를 알려주는 from이 안성맞춤인 것이다.

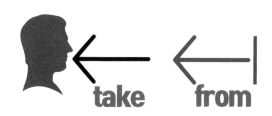

'**잡다**'의 기본 개념에서 '**받다**'로 확장할 수도있다.

이렇게 발전한 기본 개념의 확장에 힘의 연속성을 적용해 보자. 그렇게 하면, 힘의 방향성은 당연히 주어 쪽으로 당겨 오게 된다. 그래서 나아오고 출발점을 나타내는 전치사 from이 자연스럽게 이어지게 된다. 뒤에 그 출발점이 무엇인지는 신경을 써지 않아도 take를 '**받다**'의 동작으로 사용하는 순간, 그 뒤에 from이 이어져 나오는 것은 자연스러운 운명이 되는 것이다.

She took money from the man.

원어민 방식의 이해

그녀는 ▶ 받았다 ▶ 돈 ▶ 출처는 ▶ 그 남자

기존 방식의 이해   *그녀는 그 남자한테서 돈을 받았다.*

아래 사진을 보면 사람들이 일단 잡았다.(take) 그리고 나서 이동해 가고 있다. 그러면 나아가는 전치사인 to를 붙여 주면 완성이 되는 것이다.

이제 완성해 보자.

They take a raft to the river.

그들 ▶ 잡다 ▶ 한 뗏목 ▶ 나아가서 만나는 대상은 ▶ 강

AE 기본 개념 확장

잡다 → 대상 → 방향 ⇒ 가지고 가다(휴대하다), 꺼내다

Take these things up the stairs

원어민 방식의 이해

가져가라 ▶ 이것들을 ▶ 위로, 접하는 대상은 ▶ 계단

He took his key out of his pocket.

원어민 방식의 이해

그 ▶ 잡아 꺼냈다 ▶ 그의 열쇠 ▶ 빠져나온 곳은 ▶ 그의 호주머니

기존 방식의 이해 그가 호주머니에서 그의 열쇠를 꺼냈다.

AE 기본 개념 확장

대상을 확 잡아 이동시키는 동작 + 사람 ⇒ 데려가다, 안내하다

A boy took us to our room.

원어민 방식의 이해

한 소년 ▶ 잡아 끌었다(안내했다) ▶ 우리들 ▶ 나아가서 만나는 대상은 ▶
우리 방

기존 방식의 이해   *한 소년이 우리를 우리 방으로 안내했다.*

I'll take you to the office by car.

원어민 방식의 이해

나 ▶ 앞으로 할 바는 ▶ 데리고 가다 ▶ 당신 ▶ 나아가 도착하는 곳은 ▶
사무실 ▶ 수단은 ▶ 차

기존 방식의 이해   *내가 차로 사무실에 데려다 줄게.*

AE 기본 개념 확장

take + 대상 → down ⇒ 치우다

The sign must be taken down.

원어민 방식의 이해

그 표지판 ▶ 틀림없이 해야 하는 바는 ▶ 이다 ▶ 잡히다 ▶ 아래로 보내지다
(치워지다)

기존 방식의 이해   *그 표지판은 치워져야만 한다.*

AE 기본 개념 확장

잡아서 + 분리 ⇒ 제거하다, 벗다

A baseball player takes his helmet off.

원어민 방식의 이해

한 야구 선수 ▶ 잡다 ▶ 그의 헬멧 ▶ 분리되다

기존 방식의 이해　한 야구선수가 그의 헬멧을 벗다

My name was taken off the list.

원어민 방식의 이해

내 이름 ▶ 였다 ▶ 잡히다 ▶ 분리되는 대상은 ▶ 그 명단

기존 방식의 이해　내 이름은 그 명단에서 삭제되었다.

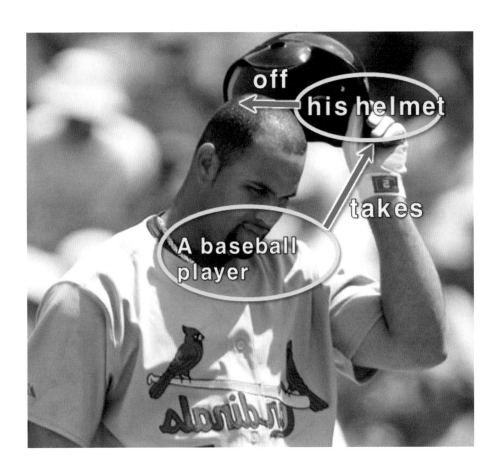

Memo

unit 8

그대로 있으려는 stay

stay는 일정기간동안 있는 동작을 말한다. Be 동사의 유사종류라고 봐도 되며, be 동사와 다르게 '일시적으로 한 곳에 존재하고 머물러 있을 때' 사용한다. 이렇게 필수 동사의 기본 개념을 먼저 잘 숙지하는 것이 중요하다.

1

있다 + 위치

People stay outside the building.

사람들 ▶ 머물다 ▶ outside ▶ 그 건물

주어는 사진에서 보이고 있는 많은 사람들이다. 그 다음에 주어의 동작 **stay**가 이어져 있다.

　주어에서부터 순서대로 확장하면 stay는 '일시적으로 한 곳에 존재하고 머물러 있는 동작'이므로 그 다음에는 '어느 곳에 위치되어 있는지'를 나타내는 말이 오는 것이 자연스럽다.

　stay에 이어서, 힘의 연속의 개념에 따라 자연스럽게 주인공의 위치를 알려주는 전치사를 붙여 주면 쉽게 말이 만들어지게 된다.

Chapter 2에서는 동사의 힘의 연속성과 필수 동사의 폭발적인 활용을 함께 훈련하니 이게 바로 일석이조의 효과라고 할 수 있다. 이렇게 동사는 스스로 다양한 의미를 내포하고, 나아가 문장의 조타수 역할을 하니 영어는 과히 '동사의 언어'라고 해도 될 정도이다.

그런데 우리는 기존에 이러한 동사를 앞에서부터 이해하고 생각해 보는 훈련을 한 것이 아니라, 저 문장 뒤에서부터 거꾸로 거슬러 올라와서 동사 뒤에 있는 명사에서부터 해석을 하니 동사의 진정한 파워는 절대로 배울 수 없다는 것이 더 슬픈 일이다.

stay의 힘의 연속성에 의해 위치를 나타내는 outside가 나왔다.
위치를 나타내는 전치사로 '사람들이 밖에 있다'는 정보를 알려준다.

outside ▶ the building

그래서 outside the building이 '건물 바깥쪽'이 아니라 사람들이 머물러 있는 곳이 바깥쪽이다. 그래서 그 다음에 이어지는 말을 당연히 안쪽이 된다.

- -

주어의 위치가 밖이면 – 안이 이어져 나오고,

주어의 위치가 안이면 – 이어져 나오는 말은 밖이 된다.

그리고 주어의 위치가 위면 – 아래가 나오고,

주어의 위치가 아래이면 – 위가 나오게 되는 것이다.

- -

주어의 위치가 안이 될 때 사용하는 전치사가 in이다.

그래서 in은 outside와 반대되는 개념이다. 주어를 나라고 할 경우, in은 내가 지금 있는 쪽이 안쪽, outside는 내가 있는 쪽이 바깥쪽이 된다.

in은 내가 있는 곳이 안쪽이니까 둘러싸고 있는 바깥쪽이 다음에 이어져 나와야 되고, outside는 내가 있는 곳이 바깥 쪽이니까 안쪽에 있는 것이 무엇인지 보면 된다.

항상 이렇게 영어의 전치사는 뒤에 나오는 명사에서 거꾸로 거슬러 올라오며 해석하는 용도가 아니라, '앞에 나와있는 명사', '앞에 나와있는 존재'의 위치가 어디인지를 먼저 정확하게 설명해 주거나, 동작의 방향성과 힘을 설명해 주는 말이라는 것을 꼭 기억하자.

We found that we were staying in the same hotel.

원어민 방식의 이해

우리는 ▶ 알게되었다 ▶ 그 바는 ▶ 우리가 ▶ 였다 ▶ 머무는 중 ▶ 안에 있고, 둘러싼 곳은 ▶ 같은 호텔

'우리는 우리가 같은 호텔에 머물고 있음을 알게 되었다.'란 예전의 거꾸로 해석 방식은 그냥 번역일 뿐이다. 우리의 목표는 하고 싶은 말을 바로 바로 만들어 내는 것이다.

I stayed at my cousin's house.

원어민 방식의 이해

나는 ▶ 묵었다 ▶ 점으로 접하는 장소는 ▶ 내 사촌의 집

'나는 내 사촌 집에서 묵었다.'란 해석은 안 가르쳐 줘도 필요하면 자연스럽게 하게 되니 기존 방법과 다르네~ 어떠네~ 하는 걱정은 붙들어 매 놓기 바란다. 새로운 사고와 방법을 받아 들이기 어려운 사람들이 꼭 말도 안되는 변명을 늘여 놓는다.

02 있다 + 위치 + 일정기간

주어에서부터 가까운 순서대로 단어를 나열하면 '일시적으로 머물러 있는 동작'인 **stay** 다음에는 '어느 곳에 위치되어 있는지'를 나타내는 것이 자연스럽다. 그리고 더 나아가 힘의 연속성을 더 가져 간다면, 그렇게 머무르는 동작이 어느 정도의 기간, 동안인지 이어지는 것은 당연한 순서이다.

We will stay at the mountain overnight.

자 이제 차근 차근 말을 만들어 보자.

We ▶ will ▶ stay

가만히 생각 좀 해 보자.

주인공인 우리하고 가장 가까운 말은, '머물다(묵다)'라는 동작보다 우리 안에 가지고 있는 '앞으로 하려는'은 마음(의지)일 것이다. 그래서 영어식 사고방식에 근거해서 보면, 주어에 가장 가까운 말은 stay 보다 will이 되는 것이다.

그래서 will 은 '~ 하려고 한다'처럼 저 뒤에서 거꾸로 뒤집어 해석할 것이 아니라 '앞으로 하려는 바는 ~ '이라고 바꾸는 것이 더 타당하다.

원어민 방식의 이해

우리는 ▶ 앞으로 하려는 바는 ▶ 머물다(묵다)

조동사 will은 이처럼 동사에 앞서 주인공이 하려는 바가 무엇인지 알려 주는 기능을 한다. 그냥 We stay하면 '우리는 머물다'이지만 '머물다'란 동작 앞에 will을 써 주면 그 동작을 지금 100% 한다는 것이 아니라, '앞으로 하려는 바가 ~ ' 그 동작임을 말하게 된다. 동작에 앞서 그 동작의 힘의 강약을 조절해 주게 된다.

먼저 출판된 '동사 혁명' 책에 보면, 조동사에 대한 내용이 자세히 나오니 참고 하기 바란다. 무엇보다, 동사 앞에서 조동사가 힘조절을 해주기 때문에 조동사는 동사보다 앞서 있는 것이 '당연한 자연사고'라는 것이다.

We ▶ will ▶ stay ▶ at ▶ the mountain

주인공과 가까운 것 순서대로라는 단순한 영어의 사고방식을 적용하면, 주인공인 우리가 '머무는 동작'이 먼저고, 그리고 나면 당연히 몸이 머무는 곳이 자연스럽게 이어진다. 그 곳이 바로 산이다.

We ▶ will ▶ stay ▶ at ▶ the mountain ▶ overnight

그런 다음에 그림에서처럼 주인공에서부터 더 확장해 나아가면, 어둑한 하늘(시간)이 보인다. 이와같이 시간을 나타내는 정보가 가장 나중에 나오게 된다.

원어민 방식의 이해

우리는 ▶ 앞으로 하려는 바는 ▶ 머물다(묵다) ▶ 장소는 ▶ 산 ▶ (기간은) 하룻밤

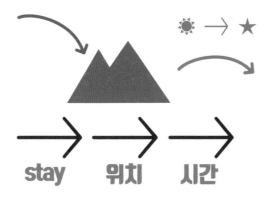

My sister's coming to stay next week.

우리 누나 ▶ 이다 ▶ 오고 있는 중 ▶ 나아가서 하려는 바는 ▶ 머물다 ▶ 다음주

기존 방식의 이해

다음주에 머물려고 우리 누나가 오고 있는 중이다.

She's staying with friends this weekend.

원어민 방식의 이해

그녀는 ▶ 이다 ▶ 머무는 중 ▶ 함께하는 이는 ▶ 친구들 ▶ 이번주 주말

기존 방식의 이해

그녀가 이번 주말에는 친구들과 함께 머무는 중이다.

3 있다 + 기간과 위치

I stayed at home all day.

원어민 방식의 이해

나 ▶ 머물렀다 ▶ 장소는 ▶ 집 ▶ (기간은) 하루 종일

기존 방식의 이해

나는 하루 종일 집에서 머물렀다.

---

she will stay at the office tonight.

원어민 방식의 이해

그녀는 ▶ 앞으로 하려는 바는 ▶ 머무르다 ▶ 장소는 ▶ 사무실 ▶ 오늘 밤

기존 방식의 이해

그녀는 오늘 밤 사무실에 머무르려고 한다.

04 있다 + 어떤 상태

stay가 머문다는 기본 개념에서 확장되어 머물러 있는 상태를 말해 주기도 한다.

The weather will stay fine.

원어민 방식의 이해

날씨 ▶ 앞으로 일 바는 ▶ (계속) 머물다 ▶ 좋은 상태

기존 방식의 이해

이 좋은 날씨는 그대로 계속될 것이다.

I can't stay awake any longer.

나 ▶ 할 수 없는 바는 ▶ (계속)머물다 ▶ 깨어있는 상태 ▶ 더 이상 오래

기존 방식의 이해

난 더 이상 깨어 있을 수가 없다.

The store stays open until late.

원어민 방식의 이해

그 가게 ▶ (계속) 머물다 ▶ 열려진 상태로 ▶ 계속되는데 끝나는 시점은 ▶ 늦게

기존 방식의 이해

그 가게가 늦게까지 문을 연다.

He never stays angry for long.

원어민 방식의 이해

그는 ▶ 결코 아닌바가 ▶ (계속) 머물다 ▶ 화난 상태로 ▶ 가리키는 기간은

▶ 긴 시간

기존 방식의 이해

그는 절대 화를 오래 내지 않는다.

until

위의 문장에서 나온 until을 보통 거꾸로 해석해서 '~ **까지**'로 알고 있는데 이번 기회에 아래 그림과 함께 전치사 until을 제대로 원어민 방식으로 바로 잡아보자.

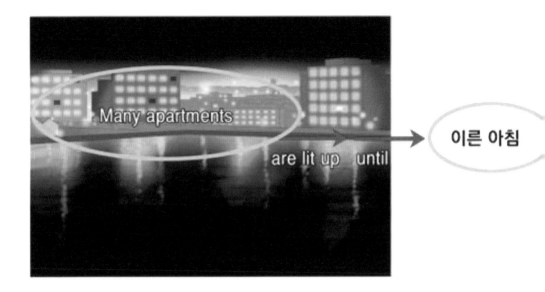

Many apartments are lit up until early morning as people watch Olympic games on television.

많은 아파트들 ▶ 이다 ▶ 불 밝혀지다 ▶ until ▶ 이른 아침 ▶ as ▶ 사람들 ▶ 보다 ▶ 올림픽 경기들 ▶ on ▶ 텔레비전 주어는 사진에서 정면으로 보이고 있는 많은 아파트들이다. 다음에 'be + lit(light의 과거 분사형)'가 이어져 있다. light가 '불 켜다'인데, be lit로써 주어가 힘을 받는 형국이니 Many apartments are lit up은 '많은 아파트들이 불 켜지다'가 된다.

until early morning

자, 이젠 until을 '~ 까지'라고 해서는 안 될 거라는 짐작이 들 것이다.

until 뒤에 나온 문장을 다 거꾸로 해석한 뒤 until을 마지막에 덧붙여 앞의 문장으로 거슬러오자면 허겁지겁해야 할 것이다. 이래서 지금까지 마냥 영어가 힘들게만 느껴졌던 것이다. 그러나 무조건 영어는 주어에서 순서대로 나아가며 한 단어 한 단어 나오는 순서대로 이해해야 함을 명심하고, 사진을 통해 until의 의미를 재발견해보자.

Many apartments are lit up until early morning을 그림으로 표시해 봤다.

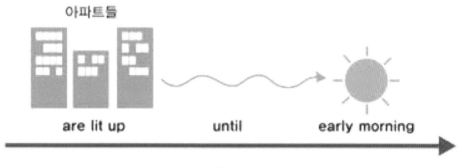

불이 켜진다는 건 날이 어둡다는 건데, until 다음에 '**이른 아침**'이 있다. 그렇다면 그림에서 보이듯 순서상으로 보면 '**이른 아침까지 불이 켜지다**'가 맞겠는가, 아니면 '**불이 죽켜져 있다가 꺼지는 때가 이른 아침**'이라고 하는 것이 더 맞겠는가?

여기서 우리는 until이 앞서 일어난 상황이 죽 지속되다가 끝나는 시점이 언제인지 설명해주고 있음을 알 수 있다.

until은 앞의 동작이 언제까지 진행이 되는지 그 종점을 알려주는 신호라고 보면 된다.

until은 onto에서 유래된 말이다. 앞에서 일어난 일이 'on+to' 한다는 것이니 그 의미는 더욱 분명해진다. '**접하여 지속하다 만나는 도착지는 ~**'이 되는 셈이다.

따라서 until은 '**계속되다가 끝나는 시점은 ~**'이라고 새기면 딱이다. 그리고 이어지는 내용을 계속 살펴보자.

as Koreans watch Olympic games on television.

새로운 그림이 as를 매개로 하여 이어지고 있는데, 이 as는 뒤에 바로 명사가 올 수도 있고 문장이 올 수도 있다.

위 문장처럼 as 뒤에 문장이 올 때 as를 '**~ 할 때**'라는 식으로 이해하게 되면, as 뒤에 나오는 문장을 먼저 거꾸로 해석하고 as를 나중에 가져다 붙이는 식으로 이리저리 꼬인 해석이 되고 만다.

그냥 as가 나오자마자 '**같은 시각에 벌어진 일은 ~**'이라고 이해한 뒤 다음으로 넘어가면 그만이다. as의 기본 개념은 '**A=B**' 할 때의 =로 받아들이면 된다.

이제 같은 시각에 벌어진 일이(as) 무엇인지 보자.

Koreans watch Olympic games on television, 주어인 '**한국 사람들**'이 보고 있는데 그 대상이 '**올림픽 경기들**'이다. 그리고 그 경기가 보여지는 면이 '**텔레비전**'이다.

자, 안방에서 TV를 보고 있는 여러분 자신을 떠올려보라.

'**여러분이 ▶ 보고 있고 ▶ 보고 있는 것이 어떤 프로그램이고 ▶ 그 프로그램이 보여지는 면이 ▶ 텔레비전 스크린이다.**'

이렇게 영어는 순서에 죽고, 순서에 사는 언어이다. 그래서 순서만 제대로 맞춰도 훌륭한 영어문장이 된다.

다시 전체를 정리해보자.
많은 서울 아파트들이 불 밝히고 있는데, 그게 끝나는(꺼지는) 시점이 '**이른 아침**'이다. 이제 as를 통해 이 시점에 벌어지는 일을 살피기 위해 아파트 안으로 시선을 옮겨 보자. 불 켜진 아파트 안에는 '**사람들**'이 보고 있고, 그것이 '**올림픽 경기들**'이며, 그 경기들이 보여지는 면이 바로 '**텔레비전**'이다.

이렇게 주어가 보는 장면을 설명하는 경우에도 주어 자신에서부터 출발하여 가장 가까운 단어부터 나열하듯이, 주어가 가장 먼저 인식하는 부분부터 말한다. 영어는 이렇게 모든 것을 주어에서 순서대로 나아가는 구조로 파악한다는 걸 잊지 말자.

unit 9

빠르게 움직이는 대상을 붙잡는
catch

빨리 움직이는 대상이 '무엇'인지에 따라 '알아차리다'도 되고 '감염되다'도 된다.

1 잡다 + 빨리 움직이는 대상
(지금 아니면 놓친다)

A bear caught fish.

한 곰 ▶ 잡았다 ▶ 물고기

The police catch criminals almost everyday.

원어민 방식의 이해

경찰 ▶ 잡는다 ▶ 범죄자들 ▶ 거의 매일

기존 방식의 이해 *경찰은 거의 매일 범죄자들을 잡는다.*

catch the pickpocket

붙잡다 ▶ 소매치기

The dog caught the ball in its mouth.

그 개 ▶ 잡았다 ▶ 볼 ▶ 안에 있고, 둘러싼 것은 ▶ 그의 입

기존 방식의 이해 　그 개는 입으로 공을 잡았다(물었다).

The roof was leaking and I had to use buckets to catch
the drips.

그 지붕 ▶ 였다 ▶ 새고 있는 중 ▶ 그리고 ▶ 나 ▶ 꼭 해야만 했던 바는 ▶

사용하다 ▶ 양동이들 ▶ 나아가서 하고자 하는 바는 ▶ 잡다 ▶ 물방울들

기존 방식의 이해 　지붕이 새고 있어서 나는 양동이들로 물방울을 받아야 했다.

The early bird catches the worm.

그 일찍 일어난 새 ▶ 잡는다 ▶ 벌레

기존 방식의 이해 　일찍 일어난 새가 벌레를 잡는다.

They are trying to catch the bus for Toronto.

그들 ▶ 이다 ▶ 노력하는 중 ▶ 나아가 하고자 하는 바는 ▶ 잡다 ▶ 그 버스

▶ 목표로 하는 곳은 ▶ 토론토

기존 방식의 이해　　그들은 토론토행 버스를 타려고 애쓰고 있다.

I have to leave now to catch the bus.

원어민 방식의 이해

나 ▶ 해야만 하는 바는 ▶ 떠나다 ▶ 지금 ▶ 나아가 하고자 하는 바는 ▶ 잡다

▶ 그 버스

기존 방식의 이해　　그 버스를 잡으려면 난 지금 떠나야 해.

불씨도 빨리 안 잡으면 날아가 버린다.

These logs are wet: they won't catch fire.

이 통나무들 ▶ 이다 ▶ 젖은 상태: 그들 ▶ 하지 않을 바는 ▶ 잡다 ▶ 불

이 통나무들은 젖었다: 불이 안 붙을 것이다.

실시간 방송은 지금이 아니면 시청기회를 놓치므로 catch를 주로 쓴다.

catch a radio program

놓치지 않고 청취하다 ▶ 한 라디오 프로그램

라디오 프로그램을 듣다

반대로 주어가 움직이다 잡히면 be caught를 쓴다.

The fish is caught.

그 물고기 ▶ 이다 ▶ 잡히다

She caught a man following her.

원어민 방식의 이해

그녀 ▶ 알아챘다 ▶ 한 남자 ▶ 따라가고 있었다 ▶ 그녀

기존 방식의 이해 *그녀는 한 사나이가 미행하는 것을 눈치챘다.*

He caught a mistake in Jane's report and corrected it.

원어민 방식의 이해

그 ▶ 발견했다 ▶ 한 실수 ▶ 안에 있고 둘러싸고 있는 것은 ▶ 제인의 보고서

▶ 그리고 ▶ 고쳤다 ▶ 그것

기존 방식의 이해 *그는 제인의 보고서에서 실수를 발견하고 그것을 고쳤다.*

I'll catch you later.

원어민 방식의 이해

나 ▶ 앞으로 ▶ 보다 ▶ 너 ▶ 나중에

기존 방식의 이해 *나중에 또 봐.*

I caught her smoking in the bathroom.

원어민 방식의 이해

나 ▶ 발견했다 ▶ 그녀 ▶ 담배 피우고 있었다 ▶ 안에 있고 둘러싸고 있는 곳은

▶ 화장실

기존 방식의 이해   *나는 그녀가 화장실에서 담배 피우는 걸 목격했다.*

I caught him just as he was leaving the building.

원어민 방식의 이해

나 ▶ 때맞춰 만났다 ▶ 그 ▶ 정확히 같은 시각에 벌어진 일은 ▶ 그 ▶ 였다 ▶

떠나는 중 ▶ 그 빌딩

기존 방식의 이해   *나는 그가 건물을 나서는 것을 때마침 만났다.*

3

빨리 움직이는 대상(병)을 받아들이고 붙잡다
→ 걸리다, 감염되다

I catch a cold every winter.

원어민 방식의 이해

나 ▶ 걸리다 ▶ 감기 ▶ 모든 겨울

기존 방식의 이해 *나는 겨울이면 늘 감기에 걸린다.*

---

catch the disease from a patient

원어민 방식의 이해

걸리다 ▶ 질병 ▶ 출발지는 ▶ 한 환자

기존 방식의 이해 *환자로부터 병이 옮다.*

unit 10

잡고 유지하는
hold

이 동사가 어떻게 '붙잡다', '수용하다', '개최하다', '제지하다'가 되는지 이해해보자.

Students hold umbrellas in the rain.

주인공에서부터 움직이는 순서대로 한번 말을 만들어 본다고 생각해 보자.

주인공이 학생들이다.

학생들 ▶ 잡고 있다 ▶ 우산들

　여기에서 단순 잡는 것으로 끝나는 것이 아니라, 비가 그칠 때까지 계속 잡고 있어야
한다. 그래서 hold 란 단어를 사용했다.

그리고 안에 있고, 둘러싼 것이

그리고 안에 있고, 둘러싼 것이 ▶ '비'(the rain)다.

01 잡고 유지(지속)한다 + 물건, 사람 → 붙잡다, 껴안다

Please hold this ladder steady.

원어민 방식의 이해

해주세요 ▶ 잡고 유지하다 (붙잡다) ▶ 이 사다리 ▶ 안정되게

기존 방식의 이해   *이 사다리를 꽉 붙잡아 주세요.*

Hold the baby while I load the car.

원어민 방식의 이해

잡고 유지하다 (껴안다) ▶ 아기 ▶ 동시에 죽 벌어지는 일은 ▶ 나 ▶ 짐을 싣다 ▶ 차

기존 방식의 이해   *내가 차에 짐을 싣는 동안 아기 좀 안고 있어.*

Will you hold your tongue?

원어민 방식의 이해

할거냐 ▶ 너 ▶ 잡고 유지하다 (붙잡다) ▶ 너의 혀 ?

기존 방식의 이해   *잠자코 있어 줄래요?*

She kissed him and held him tight.

그녀 ▶ 키스했다 ▶ 그 ▶ 그리고 ▶ 잡고 유지했다 (껴앉다) ▶ 그 ▶ 꼭

기존 방식의 이해　*그녀는 그에게 입을 맞추고는 꼭 껴안았다.*

Could you hold the door open?

원어민 방식의 이해

할 수 있겠니 ▶ 너 ▶ 잡고 유지하다 ▶ 그 문 ▶ 열려져 있는 상태 ?

기존 방식의 이해　*문이 닫히지 않게 잡아 주시겠어요?*

I'll hold your bag for you.

원어민 방식의 이해

나 ▶ 앞으로 ▶ 잡고 유지하다 (붙잡다) ▶ 너의 가방 ▶ 위하는 대상은 ▶ 너

기존 방식의 이해　*내가 네 가방을 들어 줄게.*

2

잡고 유지(지속)한다 + 물량
→ 수용하다, 포함하다, 담고 있다

The hall holds two thousand people.

원어민 방식의 이해

그 홀 ▶ 잡고 유지하다 (수용하다) ▶ 2천명

기존 방식의 이해 그 홀은 2,000명을 수용한다.

This bus can hold forty people.

원어민 방식의 이해

그 버스 ▶ 가능한바는 ▶ 수용하다 ▶ 40 명

기존 방식의 이해 이 버스는 40명을 태울 수 있다.

This bottle holds milk.

원어민 방식의 이해

이 병 ▶ 잡고 유지한다 (담고 있다) ▶ 우유

기존 방식의 이해 이 병엔 우유가 들어 있다.

3

잡고 유지(지속)한다 + 모임
→ 개최하다, 열다

모임을 잡고 지속적으로 유지함은 곧 그 모임을 개최해서 마무리하는 역할이다.

The meeting will be held in the community center.

원어민 방식의 이해

그 회의 ▶ 앞으로 ▶ 이다 ▶ 개최당하다 ▶ 둘러싼 곳은 ▶ 지역 문화회관

기존 방식의 이해 *그 회의는 지역 문화회관에서 열릴 것이다.*

4. 잡고 유지(지속)한다 + 현재상황
→ 견디다, 버티다, 중단하다

Hold your speed at 70!

원어민 방식의 이해

유지해라 ▶ 너의 스피드 ▶ 점으로 접하는 대상은 ▶ 70

기존 방식의 이해 *속도를 70으로 유지하라.*

That branch will hold your weight.

원어민 방식의 이해

저 나뭇가지 ▶ 앞으로 할 바는 ▶ 잡고 유지한다(견디다) ▶ 너의 무게

기존 방식의 이해 *저 나뭇가지가 네 무게[체중]를 견딜 거야.*

Hold the line, please!

원어민 방식의 이해

유지해라 ▶ 그 라인(전화) ▶ 제발!

기존 방식의 이해 *끊지 말고 기다리세요.*

They struggle to hold their umbrella in the strong wind.

일단 장면과 문장에서 **hold**를 집중해서 봐 주기 바란다.

정말 영어는 주인공에서 시작해서 움직이는 순서대로, 가까운 순서대로이다.

주인공인 '그들'이 ▶ 애를 쓰고 있다 ▶ 나아가서 하고자 하는 바는 ▶ 잡고 지속하는 동작 hold 이다 ▶ hold 하는 대상이 '그들의 우산'이고 ▶ 안에 있고, 둘러싸고 있는 것이 ▶ 강한 바람이다.

5 앞으로 나가려는 것을 잡아 뒤로 가게 유지한다 → 억누르다, 제지하다(hold back)

I tried to hold back my tears.

원어민 방식의 이해

나는 ▶ 애썼다 ▶ 나아가서 하고자 바는 ▶ 제지하다 ▶ 나의 눈물들

기존 방식의 이해   *나는 눈물을 참으려고 애썼다.*

The police held the angry crowd back.

원어민 방식의 이해   경찰 ▶ 억눌렀다 ▶ 그 성난 군중 ▶ 반대로

기존 방식의 이해   *경찰이 성난 군중을 제지했다.*

He holds back his anger and avoid a fight.

원어민 방식의 이해

그 ▶ 억누르다 ▶ 그의 화 ▶ 그리고 ▶ 피하다 ▶ 한 싸움

기존 방식의 이해   *그는 화를 참고 싸움을 피할 수 있었다.*

The dam wasn't strong enough to hold back the flood.

원어민 방식의 이해

그 댐 ▶ 였지 않았다 ▶ 강한 상태 ▶ 충분히 ▶ 나아가 가능한 바는 ▶ 제지
하다 ▶ 그 홍수

기존 방식의 이해   *그 댐은 홍수를 막을 만큼 튼튼하지 못했다.*

unit 11

가지고 가는
carry

> carry는 주어가 어떤 대상을 '잡고 나아가는(이동하는) 동작'
> 이 기본 개념이다.
> '잡다 + 나아가다' 라고 이해하면 딱이다.
> 사진기사를 통해 좀더 carry의 기본의미를 공부해보자.

A father carries his daughter on his back in a flooded area amid a tropical storm.

'**한 아버지**'가 주어이다.

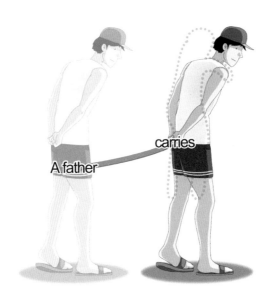

한 아버지가 하는 동작은 **carry** 잡고 나아가는 것이다. 이제 그 대상을 기다리자.

그 대상은 바로 '**그의 딸**' 이다.

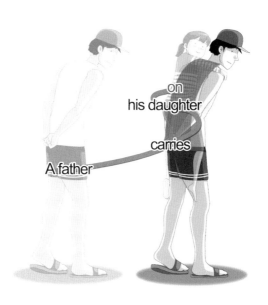

한 아버지가 ▶ 잡고 나아가다 ▶ 그의 딸 ▶ on 면으로 접하는 대상은 ▶

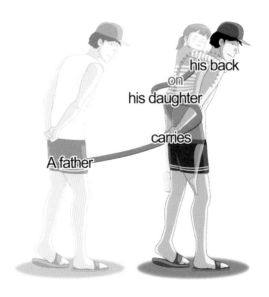

그의 등이다. → 그래서 '업고 간다'는 의미가 되는 것이다.

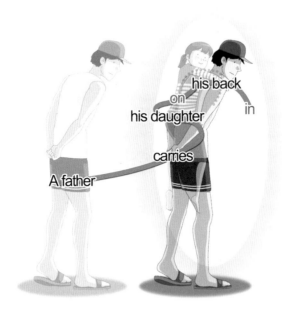

안에 있고 둘러싼 곳은

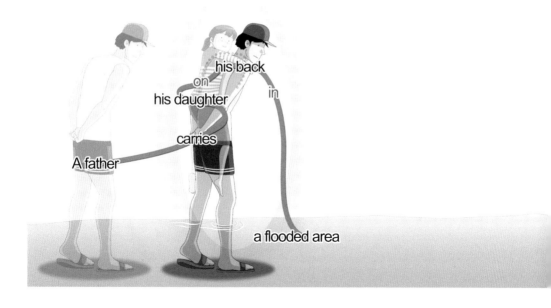

한 홍수가 난 지역이다.

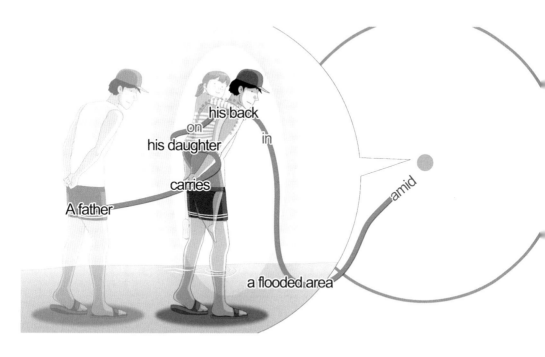

그리고 그 상황이 한 가운데 있는데 둘러싸고 있는 것이 ~

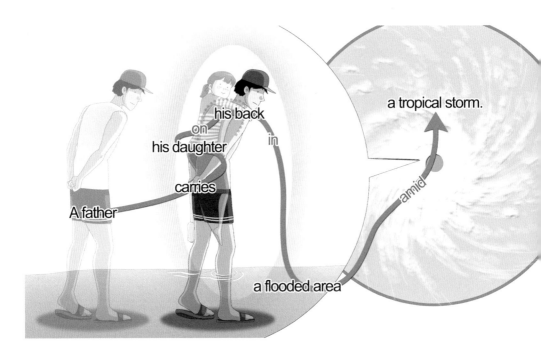

한 열대성 폭풍이다.

어떤가?

굳이 저 뒤에서부터 거꾸로 해석해 올라오지 않아도, 그냥 주인공인 한 아버지에서 부터 순서대로 좍 말이 만들어지는 것이 신기하지 않은가?

한 아버지가 ▶ 잡고 데리고 간다 ▶ 그의 딸 ▶ 면으로 접하는 대상은 ▶ 그의 등 ▶ 안에 있고 둘러싼 곳은 ▶ 한 홍수가 난 지역 ▶ 한가운데 있고 둘러싸고 있는 것은 ▶ 한 열대성 폭풍

---

carry + 대상 + 나아가는 전치사

---

carry가 잡고 나아가는 기본 개념이다 보니, 힘의 연속적인 관점에서 '앞으로 나아가 는 전치사'가 이어져 오는 것은 너무나 자연스럽다.

The train is carrying commuters to work.

그 열차 ▶ 이다 ▶ 잡고 가는 중(실어 나르고 있는 중) ▶ 통근자들 ▶ 나아가

만나는 도착지는 ▶ 일터

기존 방식의 이해   열차가 통근자들을 일터로 실어 나르고 있다.

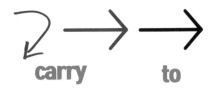

carry   to

The veins carry blood to the heart.

원어민 방식의 이해

정맥들 ▶ 잡고 가다 (나르다) ▶ 혈액 ▶ 나아가 만나는 대상은 ▶ 심장

기존 방식의 이해   정맥은 혈액을 심장으로 나른다.

Her abilities carried her to the top of her profession.

원어민 방식의 이해

그녀의 능력들은 ▶ 잡고 갔다 (데리고 갔다) ▶ 그녀 ▶ 나아가 도착한 곳은

▶ 정상 ▶ 관련된 바는 ▶ 그녀의 직업

기존 방식의 이해   그녀는 자신의 능력으로 자기 직업에서 최고의 자리에 올랐다.

The war was carried into enemy territory.

원어민 방식의 이해

그 전쟁 ▶ 였다 ▶ 옮겨지다 ▶ 안으로 들어가고, 둘러싼 곳은 ▶ 적의 영토

기존 방식의 이해   그 전쟁은 적의 영토로 이동되었다.

잡고 나아가는(이동하는) 동작 + 물건/사람
→ 운반하다(나르다), 가지고 다니다(휴대하다), 안고 가다

The injured were carried on stretchers.

원어민 방식의 이해

그 부상자들 ▶ 였다 ▶ 옮겨지다 ▶ 면으로 접하는 대상은 ▶ 들것들

기존 방식의 이해   *부상자들은 들것에 실려 옮겨졌다.*

Police carry guns in many countries.

원어민 방식의 이해

경찰들 ▶ 잡고 가다(휴대하다) ▶ 총들 ▶ 안에 있고 둘러싸고 있는 곳은 ▶
많은 나라들

기존 방식의 이해   *많은 국가에서 경찰이 총을 휴대한다.*

I never carry much money on me.

원어민 방식의 이해

나 ▶ 절대로 하지 않는 바는 ▶ 잡고 가다(휴대하다) ▶ 많은 돈 ▶ 면으로 접
하는 대상은 ▶ 나

기존 방식의 이해   *나는 절대 돈을 많이 가지고 다니지 않는다.*

She carried her baby in her arms.

원어민 방식의 이해

그녀 ▶ 잡고 갔다(안고 갔다) ▶ 그녀의 아이 ▶ 안에 있고 둘러싸고 있는
것은 ▶ 그녀의 팔들

기존 방식의 이해   *그녀는 팔에 아기를 안고 있었다.*

    '그녀는 팔에 아기를 안고 있었다'를 사진을 보면서 순서대로 동선을 그어나가보자. 그리고 순서대로 영어단어를 말해보자. 아래 동선이 그려진 사진을 가지고 해보면 더 효과가 있을 것이다.

위의 그림처럼 대상을 잡고 나아가면, 그 대상과 함께 같이 다닌다

Crimes of violence carry heavy penalties.

원어민 방식의 이해

범죄들 ▶ 관련된 바는 ▶ 폭력 ▶ 잡고 가다(수반하다) ▶ 무거운 처벌들

기존 방식의 이해 *폭력 범죄에는 무거운 처벌이 따른다.*

Cigarettes carry a health warning.

원어민 방식의 이해

담배들 ▶ 잡고 가다 (함께 하다) ▶ 건강 경고문

기존 방식의 이해 *담배에는 건강 경고문이 붙어 있다.*

Each bike carries a ten-year guarantee.

원어민 방식의 이해

각 자전거 ▶ 잡고 가다 (가지고 있다) ▶ 10년간의 보증

기존 방식의 이해 *모든 자전거에는 10년간의 보증이 붙어 있다.*

The loan carries 3 percent interest rate.

원어민 방식의 이해

그 융자금 ▶ 잡고 가다(함께 하다) ▶ 3% 이자율

기존 방식의 이해 *그 융자금은 이자가 3%이다.*

Freedom carries responsibility.

원어민 방식의 이해

자유 ▶ 잡고 가다(수반하다) ▶ 책임

기존 방식의 이해 *자유에는 책임이 따른다.*

위의 그림처럼 대상을 잡고 나아가면, 그 대상과 함께 같이 다닌다

Mosquitoes carry the virus from person to person.

원어민 방식의 이해

모기들 ▶ 잡고 가다(이동 시키다, 전염시키다) ▶ 바이러스 ▶ 출발지는 ▶

사람 ▶ 나아가서 만나는 대상은 ▶ 사람

기존 방식의 이해   *모기들이 사람사이에 바이러스를 전염시킨다.*

> 위의 그림처럼 대상을 잡고 나아가면,
> 그 대상이 떨어지지 않도록 떠받치고, 지탱한다.

Those columns carry the roof.

원어민 방식의 이해

그 기둥들 ▶ 잡고 가다(떠받치다) ▶ 지붕

기존 방식의 이해   *그 기둥들이 지붕을 떠받치고 있다.*

A road bridge has to carry a lot of traffic.

원어민 방식의 이해

한 도로용 다리 ▶ 해야만 하는 바는 ▶ 잡고 가다(지탱하다) ▶ 많은 통행량

기존 방식의 이해   *도로용 다리는 많은 통행량을 견뎌야 한다.*

He is carrying the department.

원어민 방식의 이해

그 ▶ 이다 ▶ 잡고 가는 중(지탱하다, 짊어지다) ▶ 그 부서

기존 방식의 이해   *그가 그 부서를 짊어지고 있다.*

Their group is carrying the burden of job losses.

원어민 방식의 이해

그들의 그룹 ▶ 이다 ▶ 잡고 가는 중(짊어지고 가는 중) ▶ 부담 ▶ 관련 된

바는 ▶ 실직

기존 방식의 이해   *그들 그룹이 실직 사태의 부담을 떠안는 대상이 되었다.*

> ### 잡고 나아가는(이동하는) 동작 + 대상
> ### → 이르게 하다, 의도한 곳에 이르게 하다(뜻 관철, 성공)

His moving speech was enough to carry the audience.

AE 핵심설명 청중을 의도한 곳에 이르게 하면 감동시키는 그림이 된다.

원어민 방식의 이해

그의 감동적인 연설 ▶ 였다 ▶ 충분한 상태 ▶ 나아가 가능한 바는 ▶ 잡고 나아가다 (움직여 나아가게 하다) ▶ 청중

기존 방식의 이해 *그의 감동적인 연설은 청중의 마음을 움직이기에 충분했다.*

The actor carries his audience.

원어민 방식의 이해

그 배우 ▶ 잡고 나아가다(감동시키다) ▶ 그의 관중

기존 방식의 이해 *배우는 관중을 감동시킨다.*

The resolution was carried.

AE 핵심설명 결의안을 의도한 곳에 이르게 하면 통과시켜 그림이 된다.

원어민 방식의 이해

그 결의안 ▶ 였다 ▶ 잡고 옮겨지다(통과되다)

기존 방식의 이해 *그 결의안은 통과되었다.*

AE 기본 개념 확장

> ### 잡고 나아가는(이동하는) 동작 + 대상
> ### → 이르게 하다, 의도한 곳에 이르게 하다(뜻 관철, 성공)

The young candidate carried the election.

`AE 핵심설명` 선거를 의도한 곳에 이르게 하면 승리하는 그림이 된다.

`원어민 방식의 이해`

그 젊은 후보 ▶ 잡고 나아갔다 (이겼다) ▶ 그 선거

`기존 방식의 이해` *선거에서 이겼다.*

He carried his point.

`AE 핵심설명` 그의 말하고자 하는 핵심을 의도한 곳에 이르게 하면 뜻을 관철시키는 그림이 된다.

`원어민 방식의 이해`

그 ▶ 잡고 나아갔다(관철시켰다) ▶ 그의 요점

`기존 방식의 이해` *그는 자기 취지를 관철시켰다.*

unit 12

나아가서 잡는 get

get은 go와 take가 결합된 형태에 가까운 말로 '나아가서 대상을 꽉 잡는 동작'이다. take와 비교 시 나아가서 잡는 동작이므로 상대적으로 시간과 노력을 더 해 취하는 동작이다. 나아가서 꽉 잡는 대상이 무엇인가에 따라 다양하게 사용할 수 있는 만능동사이다.

01 나아가서 꽉 잡는 동작 + 상태 → 나아가서 된 상태

나아가서 잡는 대상이 '특정한 상태'라면 주어가 그 상태를 가지게 되므로, 주어가 '나아가서 된 상태'를 말한다.

예를 들어, He got excited라는 문장이 있으면 위의 그림처럼 처음에는 별 감정 없이 가만히 있는 주어(he)가 '나아가서 된 상태'가 흥분한(excited) 상태를 말한다.

My boyfriend got angry with me.

나의 남자친구 ▶ 나아가서 되었다 ▶ 화난 상태 ▶ 함께 하는 것은 ▶ 나

　　내 남자 친구가 나한테 화났어.

Don't get excited.

하지 마라 ▶ 나아가서 되는 것 ▶ 흥분한 상태

　　흥분하지 마.

He's getting better, but it'll take time.

그 ▶ 이다 ▶ 나아가서 되어 가는 중 ▶ 더 나은 상태, ▶ 그러나 ▶ 이것 ▶

앞으로 ▶ 걸릴 거다 ▶ 시간

　　그는 상태가 호전되고 있지만 시간이 걸릴 거야.

I get drunk if I drink three bottles of beer.

나 ▶ 나아가서 되다 ▶ 술 취한 상태 ▶ 조건은 ▶ 나 ▶ 마시다 ▶ 세 병 ▶

관련된 것은 ▶ 맥주

　　나는 맥주 세 병을 마시면 취해.

I always get sleepy right after lunch.

나 ▶ 늘 ▶ 나아가서 되다 ▶ 졸린 상태 ▶ 바로 뒤에, 앞서 벌어진 일은 ▶ 점심

기존 방식의 이해   *난 점심 먹고 나면 항상 졸려.*

I will get married soon after graduation.

원어민 방식의 이해

나 ▶ 앞으로 ▶ 나아가서 되고자 하는 바는 ▶ 결혼한 상태 ▶ 바로 뒤에, 앞서 벌어진 일은 ▶ 졸업

기존 방식의 이해   *나는 졸업 후에 바로 결혼할거야.*

Come under my umbrella, or you'll get wet.

원어민 방식의 이해

오세요 ▶ 아래로, 위에 덮고 있는 것은 ▶ 나의 우산, 그렇지 않으면 ▶ 당신 ▶ 앞으로 ▶ 나아가서 될 거에요 ▶ 젖은 상태

기존 방식의 이해   *내 우산 속으로 들어와요. 안 그러면 젖을 거예요.*

It's getting dark.

원어민 방식의 이해

날 ▶이다 ▶ 나아가서 되어지고 있는 중 ▶ 어두운 상태.

기존 방식의 이해   *날이 어두워지고 있어.*

The weather is getting hotter.

원어민 방식의 이해

날씨 ▶ 이다 ▶ 나아가서 되어지고 있는 중 ▶ 더 더운 상태

기존 방식의 이해　*날씨가 하루하루 더 더워지는군요.*

It's getting late – I have to go.

원어민 방식의 이해

시간 ▶ 이다 ▶ 나아가서 되어지고 있는 중 ▶ 늦은 상태 ▶ 나 ▶ 해야만 하는

바는 ▶ 가다

기존 방식의 이해　*시간이 늦었네. 난 가봐야겠다.*

Things are getting better.

원어민 방식의 이해

상황들 ▶ 이다 ▶ 나아가서 되어지고 있는 중 ▶ 더 나은 상태

기존 방식의 이해　*상황이 좋아지고 있다.*

Things are getting tough these days.

원어민 방식의 이해

상황들 ▶ 이다 ▶ 나아가서 되어지고 있는 중 ▶ 어려운 상태 ▶ 요즈음

기존 방식의 이해　*요즈음 세상살이가 어려워지고 있다.*

2 나아가서 꽉 잡는 동작 + 대상(명사) + 움직임
→ 꽉 잡아서 움직이게 하다(하게 하다)

주어에서부터 순서대로 사고를 하면 대상을 꽉 잡고 가만히 있기보다는 꽉 잡아서 위에서 아래로 이동시키려고 한다. 상식상 어떤 대상을 나아가서 꽉 잡으면 1) 자신의 것으로 하거나 2) 꽉 잡아서 대상을 움직이게끔 할 수밖에 없다. 아래 그림을 통해서 두번째 경우를 배워보자.

Rescuers get an injured victim down from the building.

구조대원들 ▶ 나아가서 꽉 잡다 ▶ 한 다친 피해자 ▶ down ▶ from ▶ 건물

참 영어가 신기한 것이 이렇게 사진이나 장면과 함께 문장 앞에서부터 의미를 아는 단어들만 단어가 등장하는 순서대로 배열만 해 봐도 이해가 대충 된다는 것이다. 중간에 down이나 from같은 전치사들을 제대로 해석을 못 한다 하더라도, 어떤 내용인지는 대략 파악이 된다. 그런데 지금까지 우리가 배운 영어는 영어 문장을 만나면 무조건 저 뒤에서 부터 거꾸로 앞으로 거슬러 올라오면서 해석하는 것만 신경 쓰고 살았다.

여기서 사용된 get 이란 동사가 핵심이다.

사진을 보면 주인공인 '구조대원들'이 하는 동작은 '나아가서 꽉 잡다'이다, 그리고 그 동작의 대상이 '다친 피해자'이다. 그 다음 전치사 down을 통해 위에서 아래로 움직이게 하는 힘을 나타낸다. 전치사 down은 개별적으로 나온 것이 아니라 get에서 시작된 '나아 가서 꽉 잡는 동작'으로 인해 그 대상이 움직여 나가는 방향을 나타내는 말로써 get의 연 속적인 힘의 흐름 안에서 나온 것이다.

AE 기본 개념 확장

나아가서 꽉 잡는 동작 + 대상(명사) + 움직임(전치사)
→ 꽉 잡아서 (전치사 방향으로) 움직이게 하다

get a child to bed
원어민 방식의 이해

나아가 꽉 잡다 ▶ 아이 ▶ 나아가 도착하는 대상은 ▶ 침대

기존 방식의 이해 *아이를 재우다*

get oneself into difficulty

원어민 방식의 이해

나아가 꽉 잡다 ▶ 자신 ▶ 안으로 들어가고 둘러싼 대상은 ▶ 곤경

기존 방식의 이해 *곤경에 빠지다*

get a person away

원어민 방식의 이해

나아가 꽉 잡다 ▶ 한 사람 ▶ 저 멀리

기존 방식의 이해 *한 사람을 쫓아버리다*

get a fire under control

원어민 방식의 이해

나아가 꽉 잡다 ▶ 불 ▶ 아래에 있고, 위에 덮고 있는 것은 ▶ 통제

기존 방식의 이해 *불길을 잡다*

get a picture down

원어민 방식의 이해 나아가 꽉 잡다 ▶ 한 그림 ▶ 아래로

기존 방식의 이해 *그림을 떼어 내다*

get a lid off

원어민 방식의 이해 나아가 꽉 잡다 ▶ 뚜껑 ▶ 분리되도록

기존 방식의 이해 *뚜껑을 열다*

get the crops in

원어민 방식의 이해 나아가 꽉 잡다 ▶ 농작물 ▶ 안에 있도록

기존 방식의 이해 *농작물을 거두어들인다.*

> 나아가서 꽉 잡는 동작 + 대상(명사) + 움직임(전치사)
> → 꽉 잡아서 (전치사 방향으로) 움직이게 하다

I cannot get the key in the hole.

원어민 방식의 이해

나 ▶ 가능하지 않는 바는 ▶ 나아가 꽉 잡다 ▶ 그 열쇠 ▶ 안에 있고, 둘러싸

고 있는 것은 ▶ 그 구멍

기존 방식의 이해 *열쇠가 구멍에 맞지 않는다.*

보통 아이가 공부를 안 하고 PC방에만 가 있다면 어떻게 해야 할까? 제일 먼저 아이를 꽉 잡은 다음 나아가서 공부하게 해야 한다. 이러한 그림을 아래 그려보았다.

위의 그림처럼 주인공에서부터 순서대로 단어를 나열하면 다음과 같다.

주인공 ▶ 나아가서 꽉 잡다(get) ▶ 대상 ▶ to ▶ 대상이 하는 동작, 공부하다 (study)

여기서 to가 key 역할을 한다. 예전에 'to+동사'를 'to 부정사가 어떻고 저떻고' 하고 배웠는데 그냥 잊어주기 바란다. to는 영원히 그 기본 개념을 가지고 간다. 앞에서 여러 차례 배운 대로 '**나아가서 만나는 대상은 ~**'이 to의 기본 개념이다. 그런데 **to** 다음에 동작이 이어지면 간단하게 응용하면 된다 '**나아가서 하게 되는 동작은 ~**'이라고 하면 된다. 그러나 가장 추천하는 바는 완벽한 우리말을 찾으려고 하지 말고 그냥 ⟹ 앞으로 죽 나가는 간격으로 이해하면 완벽하다.

주인공이 일을 시키고, 그 힘을 받는 대상은 나아가서 어떤 동작을 하는 '동사의 힘의 연속성'이 핵심이다.

일을 시켰으니 그 대상이 부담이나 힘을 느끼고 to를 통해 앞으로 나아가 새로운 동작을 하게 되는 것이다.

> **나아가서 꽉 잡는 동작 + 대상(명사) + 움직임(to do)**
> **→ 꽉 잡아서 하게하다 + 대상이 + 나아가 동작(to do)하도록**

I'll get a friend to help me.
원어민 방식의 이해

나 ▶ 앞으로 ▶ 하게 하다 ▶ 한 친구 ▶ 나아가 ▶ 돕도록 ▶ 나

기존 방식의 이해   *친구에게 도와달라고 해야겠다.*

Get her to clean the room. It's really messy.
원어민 방식의 이해

하게 해라 ▶ 그녀 ▶ 나아가 ▶ 깨끗하게 하도록 ▶ 그 방. 그 방 ▶ 이다 ▶

정말로 ▶ 엉망인 상태

기존 방식의 이해   *걔한테 방 청소를 시켜. 아주 엉망이야.*

My mother got me to wash the dishes.
원어민 방식의 이해

나의 어머니 ▶ 하게 했다 ▶ 나 ▶ 나아가 ▶ 씻도록 ▶ 그 그릇들

기존 방식의 이해   *엄마는 나에게 설거지를 시키셨다.*

I couldn't get my car to start.
원어민 방식의 이해

나 ▶ 할수가 없었던 바는 ▶ 하게 하다 ▶ 나의 차 ▶ 나아가 ▶ 시동이 걸리도록

기존 방식의 이해   *자동차가 시동이 잘 안 걸렸어.*

> 나아가서 꽉 잡는 동작 + 대상(명사) + 움직임(to do)
> → 꽉 잡아서 하게하다 + 대상이 + 나아가 동작(to do)하도록

We get her to change her mind.
원어민 방식의 이해

우리 ▶ 하게 하다 ▶ 그녀 ▶ 나아가 ▶ 바꾸도록 ▶ 그녀의 마음

기존 방식의 이해 *우리가 그녀가 마음을 바꾸도록 하다.*

Please get her to come here.
원어민 방식의 이해

제발 ▶ 하게 하세요 ▶ 그녀 ▶ 나아가 ▶ 오도록 ▶ 여기로

기존 방식의 이해 *그녀를 이리 데려오시오.*

I got him to quit drinking.
원어민 방식의 이해

나 ▶ 하게했다 ▶ 그 ▶ 나아가 ▶ 그만두도록 ▶ 술 마시는 것

기존 방식의 이해 *나는 그를 설득하여 술을 끊게 했다.*

이제 좀 더 발전을 해 보자. 위의 문장을 이렇게 말할 수도 있다.

I got him quitting drinking.

무슨 차이를 발견 못했는가? 그렇다. 바로 **to quit**가 quitting으로 변했다. 기존 문법대로 이것을 설명하면, 5형식이 어떻고 분사가 어떻고 하는 복잡한 설명이 필요하지만 이런 문법과 용어가 무슨 소용이 있는지 정말 되묻고 싶다. 먼저 왜 그런지 이해를 시켜야 함에도 불구하고 그냥 영어는 이렇게 쓰니깐 외우란 말 밖에 하지 않는 것이 너무 답답할 뿐이다.

태어나서부터 그 나라에 사는 원어민이 아닌 이상 노출과 반복 암기를 통해 영어를 익히는 것은 너무나 많은 시간이 허비된다. 그래서 '원리 이해 학습 방식'을 통해 그 시간을 엄청나게 단축해야만 한다.

앞에 나온 내용에 대한 설명은 간단하다. to quit가 나아가서 그만두는 그림이라면 qutting은 바로 그만두는 그림이다. 때론 금주를 권유하자마자 바로 그만둘 수도 있지 않는가? 그런 바로 일어나는 동작을 ~ing로 표현한 것일 뿐이다.

I got him quitting drinking.

원어민 방식의 이해

나 ▶ 하게했다 ▶ 그 ▶ (바로)그만두도록 ▶ 술 마시는 거

AE 기본 개념 확장

**나아가서 꽉 잡는 동작 + 대상(명사) + 움직임(doing)
→ 꽉 잡아서 하게하다 + 대상이 + 바로 동작(doing)하도록**

I got the clock going.

원어민 방식의 이해

나 ▶ 하게 했다 ▶ 그 시계 ▶ (바로) 가도록

기존 방식의 이해   *시계를 가게 했다.*

We'll get things going soon.

원어민 방식의 이해

우리 ▶ 앞으로 ▶ 하게 할 거다 ▶ 일들 ▶ (바로) 진행 되어 가도록 ▶ 곧

기존 방식의 이해   *곧 만사가 궤도에 오를 것이다.*

다음 문장을 가지고 좀더 공부를 해보자.

I got him being ready.

원어민 방식의 이해

나 ▶ 하게했다 ▶ 그 ▶ (바로) 되게 ▶ 준비된 상태

위 문장에서 being은 사실 의미가 크지 않다. ready라는 형용사 앞에는 be동사가 있음은 너무나 당연하기 때문에 문장에서 자주 생략하는편이다. 과감히 생략해보자. 그러면 다음과 같은 문장이 만들어진다.

I got him ready.

원어민 방식의 이해

나 ▶ 하게했다 ▶ 그 ▶ (바로) 준비된 상태

'5형식이 어떻고', '생략이 일어났고'를 떠나서 이렇게 순서대로 하나씩 배열해보면 이해가 되지 않는가?

다음 사진기사를 통해서 좀 더 공부해보자.

나아가서 꽉 잡는 동작 + 대상(명사) + 상태(형용사)
→ 꽉 잡아서 하게하다 + 대상이 + 바로 되게(being) 특정 상태로

A girl is getting the robots ready for the competition.

원어민 방식의 이해

한 소녀 ▶ 이다 ▶ 하게하는 중 ▶ 로봇들 ▶ (바로) 준비가 된 상태 ▶ 목표
로 하는 바는 ▶ 시합

앞서 '형용사'자리에 과거분사인 '~ed'를 넣으면, 특정 상태로의 변화가 아닌 '당한 상태'로의 변화다.

다음 문장을 가지고 좀더 공부를 해보자.

I got my car repaired.

원어민 방식의 이해 나 ▶ 하게했다 ▶ 나의 차 ▶ (바로) 수리가 되도록

Get this work done.

원어민 방식의 이해 하게 해라 ▶ 이 일 ▶ (바로) 되도록
기존 방식의 이해 *이 일을 끝내.*

We have to get this report done.

원어민 방식의 이해
우리 ▶ 해야만 하는 바는 ▶ 하게 하다 ▶ 이 보고서 ▶ (바로) 되도록
기존 방식의 이해 *우리는 이 보고서를 끝내야 해.*

I got my shirt washed.

원어민 방식의 이해 나 ▶ 하게 했다 ▶ 나의 셔츠 ▶ (바로) 세탁되도록
기존 방식의 이해 *나는 셔츠를 세탁했다.*

Where can I get a key copied?

원어민 방식의 이해

어디서 ▶ 가능한가요? ▶ 나 ▶ 하게 하다 ▶ 열쇠 ▶ (바로) 복사되도록 ?

기존 방식의 이해   *어디서 열쇠를 복사할 수 있죠?*

I get my hair cut once a month.

원어민 방식의 이해

나 ▶ 하게 하다 ▶ 나의 머리 ▶ (바로) 잘려지도록 ▶ 한번 ▶ 한 달

기존 방식의 이해   *나는 한 달에 한 번씩 머리를 자른다.*

I'll go to the garage to get my car repaired.

원어민 방식의 이해

나 ▶ 앞으로 ▶ 갈거다 ▶ 나아가 도착지는 ▶ 정비소 ▶ 나아가 하고자 하는

바는 ▶ 하게 하다 ▶ 나의 차 ▶ (바로) 수리되어 지도록

기존 방식의 이해   *나 차 수리하러 정비소에 갈 거야.*

Can you get the work done in time?

원어민 방식의 이해

가능하냐 ▶ 당신 ▶ 하게 하다 ▶ 그 일 ▶ (바로) 되어지도록 ▶ 안에 있고 둘

러싸고 있는 것은 ▶ 시간 ?

기존 방식의 이해   *자네 그 일을 기한내에 끝낼 수 있겠나?*

I get my eyes checked.

나 ▶ 하게 하다 ▶ 나의 눈들 ▶ (바로) 검사되어 지도록

기존 방식의 이해   나 시력 검사하다.

3 go 대신에 사용하는 get

get이 때로는 go(가다)에 시간과 노력이 더해진 의미로 쓰여지기도 한다.

Smoke gets out of the tower of the Great Wall.

원어민 방식의 이해

연기 ▶ 나아가다 ▶ 빠져나온 대상은 ▶ 그 타워 ▶ 관련된 대상은 ▶ 만리장성

unit 13

어떻게든 만들어 내는 make

make의 기본그림은 '없던걸 만들어 내다'이다. 그러나 단순 '만들다'보다는 어떻게든 (없던걸) 만들어 내는 동작을 기본그림으로 생각하자.

1 어떻게든 (없던걸) 만들어 내다 + 그 결과물

Workers make the platforms at the railway station.

노동자들 ▶ 만들다 ▶ 승강장들 ▶ 장소는 ▶ 기차역

노동자들이 없었던 것을 만들어낸다.

그 대상이 '**승강장들**'이고, 장소는 '**기차역**'이다.

Workers make bricks out of mud.

원어민 방식의 이해

일꾼들이 ▶ 만들다 ▶ 벽돌들 ▶ 재료는 ▶ 진흙

기존 방식의 이해 *일꾼들이 진흙으로 벽돌을 만든다.*

I will make a new suit for you.

원어민 방식의 이해

나 ▶ 앞으로 ▶ 만들다 ▶ 한 양복 ▶ 위하는 대상은 ▶ 너

기존 방식의 이해 *내가 너한테 새 양복을 만들어 줄게.*

I made a boat out of wood.

나 ▶ 만들었다 ▶ 한 대의 보트 ▶ 재료는 ▶ 나무

기존 방식의 이해 *나는 나무로 보트를 만들었다.*

Bread is made from flour.

원어민 방식의 이해

빵 ▶ 이다 ▶ 만들어지다 ▶ 재료는 ▶ 밀가루

기존 방식의 이해 *빵은 밀가루로 만들어진다.*

야기하다, 일으키다

make a noise	일으키다 ▶ 소음	소음을 내다
make a wound	야기하다 ▶ 상처	상처내다
make a difference	일으키다 ▶ 차별	차별을 두다
make trouble	일으키다 ▶ 말썽	말썽을 일으키다
make war	일으키다 ▶ 전쟁	전쟁을 일으키다
make peace	만들다 ▶ 평화	화해하다, 평화 조약을 맺다

마련하다, 피우다, 끓이다, 타다

make beds	마련하다 ▶ 잠자리
make a fire	만들다(피우다) ▶ 불
make tea / make coffee	만들다(끓이다, 타다) ▶ 차, 커피
She made me a meal.	그녀 ▶ 만들었다(하게 하다) ▶ 나에게 ▶ 식사
Let me make the bed for you.	하게 해주세요 ▶ 나 ▶ 마련하다 ▶ 잠자리 ▶ 위하는 대상은 ▶ 당신
I can make friends easily.	나 ▶ 가능한 바는 ▶ 만들다(사귀다) ▶ 친구들 ▶ 쉽게
Make three copies of this document, please.	만들어 주세요 ▶ 세 복사들 ▶ 관련된 바는 ▶ 이 서류, 제발
I want to make a reservation for a flight to London.	나 ▶ 원하다 ▶ 하고자 하는 바는 ▶ 만들다 ▶ 예약 ▶ 목표로 하는 대상은 ▶ 비행 ▶ 도착지는 ▶ 런던

A car makes its way through flood water after (continuous heavy rainfall).

한 차 ▶ 만든다 ▶ 자신의 길 ▶ 통과하는 대상은 ▶ 홍수 물 ▶ 앞서 벌어진 일은 ▶ 지속적인 폭우

다음 그림에서 주어에서부터 나아가는 순서대로 단어를 배열해 보자.

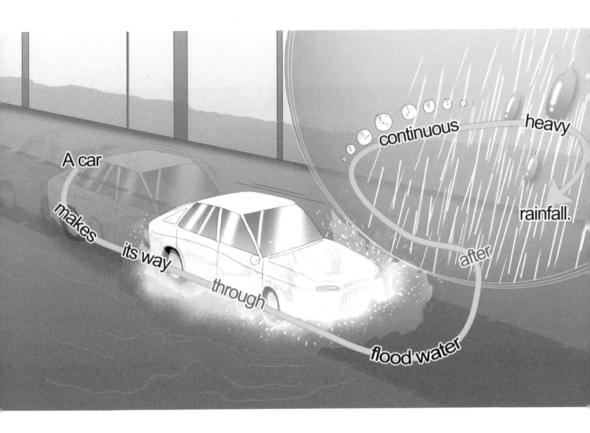

A car makes its way through flood water after continuous heavy rainfall.

make는 단순히 뭔가를 만드는 동작일수도 있지만 위의 사진의 예처럼 어떻게든 만들어내는 그림일 때가 많다. 홍수가 와서 길이 보이지 않는데, 억지로 어떻게든 길을 만들어 나아가는 그림이다.

조금 더 훈련 해보자.

Villagers make their way through the flooded streets.

마을 사람들 ▶ 만들다 ▶ 자신의 길 ▶ 통과하는 대상은 ▶ 홍수가 난 거리들

He makes a catch for a touchdown.

그는 ▶ 해낸다(하다) ▶ 잡기 ▶ 목표로 하는 것은 ▶ 터치다운

앞서 공부한 'catch the ball을 써도 되는데 왜 **make**를 썼을까?'를 생각해 보면, **make**의 확장된 의미를 알 수가 있다. 단순히 잡은 것이 아니라, 만들어 냈다고 할 정도로 '해 냈다'는 의미이다.

make a bargain	하다 ▶ 계약
make a speech[or an address]	하다 ▶ 연설
make a bow	하다 ▶ 절[인사]
make (a) fight	하다 ▶ 싸움
make an advance	하다 ▶ 전진
make a proposal	하다 ▶ 제안
make a present	하다 ▶ 선물

2 어떻게든 만들어 나아가게 하다 + 대상(재료) + 결과(상태, 동작)

I made [painting the house] my project for the summer.

원어민 방식의 이해

나 ▶ 만들었다 ▶ [칠하기 ▶ 그 집] ▶ 나의 계획으로 ▶ 목표로 하는 대상은

▶ 여름

기존 방식의 이해

나는 집에 페인트칠을 하는 것을 여름 사업[과제]으로 삼았다.

그 고양이 ▶ 만들었다 ▶ 나 ▶ 화나도록

She always makes me laugh.

원어민 방식의 이해

그녀 ▶ 늘 ▶ 만들다 ▶ 나 ▶ 웃도록

기존 방식의 이해 그녀는 항상 나를 웃게 만든다.

The news made him very happy.

원어민 방식의 이해

그 소식 ▶ 만들었다 ▶ 그 ▶ 매우 행복하게

기존 방식의 이해 그 소식은 그를 아주 행복하게 해 주었다.

Can you make yourself understood in Russian?

할 수 있나요 ▶ 당신 ▶ 만들다 ▶ 당신 자신 ▶ 이해되도록 ▶ 안에 있고, 둘러싸고 있는 것은 ▶ 러시아어 ?

기존 방식의 이해　당신은 러시아어로 의사소통을 할 수 있나요?

The terrorists made it known that tourists would be targeted.

원어민 방식의 이해

그 테러리스트들 ▶ 만들었다 ▶ 그것 ▶ 알려지도록 ▶ 그 바는 ▶ 관광객들 ▶ 앞으로 ▶ 일거다 ▶ 목표가 되다.

기존 방식의 이해

테러리스트들은 관광객이 목표가 될 것임을 알렸다.

The use of computers made the work possible for more people.

원어민 방식의 이해

사용 ▶ 관련된 바는 ▶ 컴퓨터들 ▶ 만들었다 ▶ 그 일 ▶ 가능하도록 ▶ 위하는 대상은 ▶ 더 많은 사람들

기존 방식의 이해

컴퓨터의 사용은 더 많은 사람들이 그 일을 하는 것을 가능하게 했다.

jump

the second baseman

makes

He

He makes the second baseman jump.

원어민 방식의 이해

그 ▶ 만들다 ▶ 2루수 ▶ 점프하도록

기존 방식의 이해 그는 *2루수가 점프하도록 만들다.*

She must be made to comply with the rules.

원어민 방식의 이해

그녀 ▶ 틀림없이 해야 하는 바는 ▶ 이다 ▶ 만들어지다 ▶ 나아가 ▶ 따르도록 ▶ 함께 하는 대상은 ▶ 그 규칙들

기존 방식의 이해 *그녀가 반드시 그 규칙을 지키게 해야 한다.*

This dress makes me look fat.

원어민 방식의 이해

이 드레스 ▶ 만들다 ▶ 나 ▶ 보이도록 ▶ 뚱뚱하게

기존 방식의 이해　이 드레스는 나를 뚱뚱해 보이게 한다.

She couldn't make herself heard.

원어민 방식의 이해

그녀 ▶ 할 수가 없었던 바는 ▶ 만들다 ▶ 그녀 자신 ▶ 들리도록

기존 방식의 이해　그녀는 자기 목소리가 들리게 할 수가 없었다.

They made me repeat the whole story.

원어민 방식의 이해

그들 ▶ 만들었다 ▶ 나 ▶ 반복하도록 ▶ 그 전체 이야기

기존 방식의 이해　그들은 내게 그 이야기 전체를 반복하게 만들었다.

What makes you say that?

원어민 방식의 이해

무엇이 ▶ 만드냐 ▶ 당신 ▶ 말하도록 ▶ 그렇게?

기존 방식의 이해　넌 왜 그런 말을 하는 거니?

unit 14

확 떨어뜨리는
drop

나아가서 '그만두다' '살짝 알려주다' 다양한 의미로 확장된다.

drop의 기본그림은 '가지고 있다가 확 떨어뜨리는 동작'이다.

A helicopter drops water on a wildland fire.

한 대의 헬리콥터 ▶ 떨어뜨리다 ▶ 물 ▶ 면으로 접하는 대상은 산불

AE 기본 개념 확장

가지고 있다가 확 떨어뜨리는 동작

Medical supplies are dropped into the stricken area.

원어민 방식의 이해   의약 보급품들 ▶ 이다 ▶ 떨어뜨려지다 ▶ 안으로

들어가고, 둘러싼 곳은 ▶ 피해 지역

기존 방식의 이해   *피해 지역에 의약품들이 투하되다.*

Be careful not to drop that plate.

원어민 방식의 이해

이여라 ▶ 조심하는 상태 ▶ 하지 않아야 하는 바는 ▶ 떨어뜨리다 ▶ 그 접시

기존 방식의 이해   *그 접시 떨어뜨리지 않게 조심해.*

AE 기본 개념 확장

가지고 있다가 확 떨어뜨리는 동작 + 수준(높이) → 낮추다, 내리다

She dropped her voice dramatically.

원어민 방식의 이해

그녀 ▶ 떨어뜨렸다(낮췄다) ▶ 그녀의 목소리 ▶ 갑작스럽게

기존 방식의 이해   *그녀가 목소리를 갑자기 낮췄다.*

You must drop your speed in that area.

원어민 방식의 이해

당신 ▶ 틀림없이 해야만 하는 바는 ▶ 떨어뜨리다(낮추다) ▶ 당신의 속도

▶ 안에 있고 둘러싼 곳은 ▶ 그 지역

기존 방식의 이해   *그 지역에서는 속도를 줄여야 한다.*

가지고 있다가 확 떨어뜨리다 + 하고 있는 것 → 그만두다(중단하다), 빼다

I dropped German when I was 14.

원어민 방식의 이해

나 ▶ 떨어뜨렸다(중단했다) ▶ 독일어 ▶ 그때 벌어지는 일은 ▶ 나 ▶ 였다

▶ 14살

기존 방식의 이해   *나는 14살 때 독일어(공부)를 그만두었다.*

Drop everything and come at once!

원어민 방식의 이해

확 떨어뜨려라(그만둬라) ▶ 모든 것 ▶ 그리고 와라 ▶ 점으로 접하는 대상

은 ▶ 한번 (즉시)

기존 방식의 이해   *모두 그만두고 당장 와!*

I think we'd better drop the subject.

원어민 방식의 이해

나 ▶ 생각한다(그 바는) ▶ 우리 ▶ 하는게 좋다 ▶ 확 떨어뜨리다(중단하

다) ▶ 그 주제

기존 방식의 이해   *우리 그 문제는 얘기 안 하는 게 좋겠어.*

Can we just drop it?

원어민 방식의 이해

가능하냐 ▶ 우리 ▶ 단지 ▶ 확 떨어뜨리다(중단하다) ▶ 그것?

기존 방식의 이해   *이봐, 우리 그 얘기 그냥 그만할 수 없어?*

가지고 있다가 확 떨어뜨리다 + 하고 있는 것 → 그만두다(중단하다), 빼다

The police decided to drop the charges against her.

원어민 방식의 이해

경찰 ▶ 결정했다 ▶ 나아가 ▶ 중단하기로 ▶ 그 혐의들 ▶ 맞서는 대상은 ▶ 그녀

기존 방식의 이해 *경찰이 그녀에 대한 고발을 무혐의 처리하기로 결정했다.*

Drop it. leave me alone.

원어민 방식의 이해

그만둬라 ▶ 그것. 남겨둬 ▶ 나를 ▶ 혼자

기존 방식의 이해 *그만둬, 날 혼자 둬.*

drop a suit

원어민 방식의 이해

그만두다 ▶ 소송

기존 방식의 이해 *소송을 취하하다.*

Let's drop the subject.

원어민 방식의 이해

하자 ▶ 그만두다 ▶ 그 주제

기존 방식의 이해 *그 화제는 그만 얘기하자.*

Let's drop the matter.

원어민 방식의 이해

하자 ▶ 그만두다 ▶ 그 문제

기존 방식의 이해 *그 문제는 그만 얘기합시다.*

Drop it!

그만둬라 ▶ 그것!

집어치워!

It is such a fine day. Let's drop everything and go out.

날씨 ▶ 이다 ▶ 그처럼 좋은 날. 하자 ▶ 그만두자 ▶ 모든 것 ▶ 그리고 ▶
가자 ▶ 밖으로

날씨가 너무 좋으니 다 그만두고 외출합시다.

drop the controversial clauses

확 떨어뜨리자 ▶ 그 논란이 되는 조항들

논란이 되는 조항을 삭제하다.

He asked us to drop the word 'liar' from our headline.

그 ▶ 요청했다 ▶ 우리들에게 ▶ 나아가 ▶ 확 떨어뜨려 달라고(삭제해 달
라고) ▶ 그 단어 '거짓말쟁이' ▶ 출발지는 ▶ 우리의 헤드라인

그는 우리 신문의 헤드라인에서 '거짓말쟁이'라는 단어를 빼달라고 요청했다.

drop the habit of smoking

확 떨어뜨리다(중단하다) ▶ 그 버릇 ▶ 관련된 바는 ▶ 담배 피우기

담배 피우는 습관을 끊다.

AE 기본 개념 확장

가지고 있다가 확 떨어뜨리다 + 사람 관계 → 끊다

She dropped most of her old friends.

원어민 방식의 이해

그녀 ▶ 확 떨어뜨리다(끊다) ▶ 대부분 ▶ 관련된 바는 ▶ 그녀의 오랜 친구들

기존 방식의 이해

그녀는 옛 친구 대부분과 연락을 끊었다.

AE 기본 개념 확장

가지고 있다가 확 떨어뜨리다 + 간단한 정보 → (살짝) 알려주다

Drop a line to me when you get there.

원어민 방식의 이해

확 떨어뜨려주라(알려주라) ▶ 한 줄(소식) ▶ 나아가 만나는 대상은 ▶ 나

▶ 그 때 벌어지는 일은 ▶ 당신 ▶ 도착하다 ▶ 그곳

기존 방식의 이해

거기 도착하면 간단히 알려 줘.

drop a hint

원어민 방식의 이해

확 떨어뜨려주라(알려주라) ▶ 하나의 암시

기존 방식의 이해

암시를 주다[흘리다].

> **(가는 길에) 가지고 있다가 확 떨어뜨리다 + 사람/물건**
> **→ (어디로 가는 길에) 내려[갖다] 주다**

Can you drop me near the bank?

원어민 방식의 이해

가능하냐 ▶ 당신 ▶ 확 떨어뜨리다(내려주다) ▶ 나를 ▶ 근처에 있는 것은

▶ 은행?

기존 방식의 이해

은행 근처에 내려 줄 수 있니?

You left your jacket, but I can drop it off tomorrow.

원어민 방식의 이해

당신 ▶ 남겨뒀다 ▶ 당신의 재킷. 그러나 ▶ 나 ▶ 가능하다 ▶ 내려 놓다

(가져다주다) ▶ 그것 ▶ 분리되도록 ▶ 내일

기존 방식의 이해

네가 재킷을 두고 갔어. 하지만 내일 내가 갖다 줄 수 있어.

Drop me at the next stop, please.

원어민 방식의 이해

확 떨어뜨려주세요(내려 주세요) ▶ 나를 ▶ 점으로 접하는 장소는 ▶ 다음

정거장 ▶ 제발

기존 방식의 이해

다음 정거장에서 내려주세요.

unit

15

가게하는 let

let의 기본그림은 사진처럼 '막고 있다가 가게하는 동작'이다.

let의 기본그림은 사진처럼 '막고 있다가 가게하는 동작'이다.

The dam lets water (to) flow.

댐 ▶ 가게하다 ▶ 물 ▶ (나아가서) ▶ 흘러가다

댐이 물을 방류하는 그림으로, 적정 수위까지 막고 있다가 수문을 열면 바로 물이 낮은 곳으로 흘러간다.

따라서 간격이 없이 동작이 바로 일어나므로 to(나아가서)가 필요가 없다. 이렇게 to 동사에서 to가 없어지고 동사만 사용하는 경우를 '동사 원형'이라고 기존 문법에서는 가르친다. 이런 용어가 무슨 소용이 있을까? 먼저 왜 그런지에 대한 이해 없이 그냥 영어는 이렇게 쓰니깐 외우란 말밖에 하지 않는 것이 너무 답답할 뿐이다.

> 막고 있다 가게 하다 + 대상
> → (방해하지 않고)하게하다 + 대상 + (나아가서) 동작
> → 허락[허용]하다 + 대상[사람] + (나아가서) 동작

I want to go to Europe this summer, but my parents won't let me.

원어민 방식의 이해

나 ▶ 원하다 ▶ 하고자 하는 바는 ▶ 가다 ▶ 나아가 도착지는 ▶ 유럽 ▶ 이번 여름, 그러나 ▶ 나의 부모님 ▶ 앞으로 하지 않을 바는 ▶ 허락하다 ▶ 나

기존 방식의 이해

나는 올 여름 유럽에 가려 하는데, 부모님들이 허락하지 않는다.

He let her enter his study.

원어민 방식의 이해

그 ▶ 허락했다 ▶ 그녀 ▶ 들어가도록 ▶ 그의 서재

기존 방식의 이해   *그는 그녀가 자신의 서재에 들어가도록 했다.*

Tom didn't let anyone enter his room.

원어민 방식의 이해

Tom ▶ 했지 않은 바는 ▶ 허락하다 ▶ 어떤이 ▶ 들어가도록 ▶ 그의 방

기존 방식의 이해   *Tom은 누구든 그의 방에 들어가는 것을 허락하지 않았다.*

My boss doesn't let me smoke.

원어민 방식의 이해

나의 상사 ▶ 하지 않는 바는 ▶ 허락하다 ▶ 나 ▶ 담배 피우도록

기존 방식의 이해   *나의 상사는 내가 담배를 피우도록 놔두지를 않는다.*

> **막고 있다 가게 하다 + 대상**
> **→ (방해하지 않고)하게하다 + 대상 + (나아가서) 동작**
> **→ 허락[허용]하다 + 대상[사람] + (나아가서) 동작**

The police let him go after a night in jail.

원어민 방식의 이해

경찰 ▶ 허락하다 ▶ 그 ▶ 가도록 ▶ 앞서 일어난 일은 ▶ 하룻밤 ▶ 안에 있고, 둘러싼 곳은 ▶ 감옥

기존 방식의 이해 *경찰은 그를 유치장에 하룻밤 수감한 뒤 풀어주었다.*

I'll let you know what was decided.

원어민 방식의 이해

나 ▶ 앞으로 할 바는 ▶ 허락하다 ▶ 당신 ▶ 알도록 ▶ 뭔가 ▶ 였다 ▶ 결정되었다

기존 방식의 이해 *제가 결정된 일을 알려드릴게요.*

Will you let me have a holiday today?

원어민 방식의 이해

앞으로 하실 건가요 ▶ 당신 ▶ 허락하다 ▶ 나를 ▶ 가지도록 ▶ 하루의 휴일 ▶ 오늘?

기존 방식의 이해 *오늘 하루 쉬도록 해주시겠습니까?*

Let him wait.

원어민 방식의 이해

하게 해라 ▶ 그를 ▶ 기다리도록

기존 방식의 이해 *그를 기다리게 해라.*

막고 있다 가게 하다 + 대상
→ (방해하지 않고)하게하다 + 대상 + (나아가서) 동작
→ 허락[허용]하다 + 대상[사람] + (나아가서) 동작

Let me go.

원어민 방식의 이해

하게 해 주세요 ▶ 나를 ▶ 가도록

기존 방식의 이해 *가게 해주세요; 놓아주세요.*

Let me be your guide.

원어민 방식의 이해

하게 해 주세요 ▶ 나를 ▶ 되도록 ▶ 당신의 가이드

기존 방식의 이해 *제가 길 안내를 해드릴게요.*

Let it be done at once.

원어민 방식의 이해

하게 해라 ▶ 그것 ▶ 이다 ▶ 되도록 ▶ 점으로 접하는 대상은 ▶ 한번 (즉시, 곧)

기존 방식의 이해 *곧 그것을 하도록 해라.*

Let sleeping dogs lie.

원어민 방식의 이해

하게 해라 ▶ 잠자는 개들 ▶ 누워 있도록

기존 방식의 이해

《속담》 잠자는 개를 깨우지 마라. 긁어 부스럼 만들지 마라.

> 막고 있다 가게 하다 + 대상
> → (방해하지 않고)하게하다 + 대상 + (나아가서) 동작
> → 허락[허용]하다 + 대상[사람] + (나아가서) 동작

Let me know when he comes back.

원어민 방식의 이해

하게 해라 ▶ 나 ▶ 알도록 ▶ 언제 ▶ 그가 ▶ 오는지 ▶ 반대로

기존 방식의 이해 *그가 돌아오면 알려 줘.*

Let me have your report on Friday.

원어민 방식의 이해

하게 해 주세요 ▶ 나 ▶ 가지도록 ▶ 당신의 보고서 ▶ 면으로 접하는 때는

▶ 금요일

기존 방식의 이해 *금요일에 보고서를 제출하시오.*

Please let me know when the lesson begin.

원어민 방식의 이해

제발 ▶ 하게 해 주세요 ▶ 나 ▶ 알도록 ▶ 언제 ▶ 그 수업이 ▶ 시작하는지

기존 방식의 이해 *수업이 언제 시작되는지 알려주시오.*

unit 16

뻗어서 닿는
touch

touch는 아래 사진처럼 '뻗어서 닿는 동작'이 기본그림으로 단순히 만지는 동작만 의미하는 것은 아니다. 주어에서부터 나아가는 사고에서 어떤 대상을 만나는 지에서 따라 다양한 의미가 생길 수 있다.

touch는 아래 사진처럼 '**뻗어서 닿는 동작**'이 기본그림으로 단순히 만지는 동작만 의미하는 것은 아니다.

주어에서부터 나아가는 사고에서 어떤 대상을 만나는 지에서 따라 다양한 의미가 생길 수 있다.

A baseball player touches his teammate.

원어민 방식의 이해

한 야구 선수 ▶ 손을 대다 ▶ 그의 동료

Don't touch that plate – it's hot!

원어민 방식의 이해

하지 마라 ▶ 만지다 ▶ 그 접시 ▶ 그것 ▶ 이다 ▶ 뜨거운 상태!

기존 방식의 이해   그 접시 만지지 마, 뜨거워!

I touched him lightly on the arm.

원어민 방식의 이해

나 ▶ 건드렸다 ▶ 그 ▶ 가볍게 ▶ 면으로 접하는 대상은 ▶ 팔

기존 방식의 이해   내가 그의 팔을 살짝 건드렸다.

I told you not to touch my things.

원어민 방식의 이해

나 ▶ 말했다 ▶ 너에게 ▶ 하지 말라고 ▶ 나아가 ▶ 손대는 것을 ▶ 나의 물건들

기존 방식의 이해   내가 너한테 내 물건에 손대지 말라고 했잖아.

He hasn't touched the money.

원어민 방식의 이해

그 ▶ 한적이 없는 바는 ▶ 손을 대다 ▶ 돈

기존 방식의 이해   그는 돈은 손도 대지 않았다.

He said I kicked him, but I never touched him!

원어민 방식의 이해

그 ▶ 말했다(그 바는) ▶ 나 ▶ 찼다 ▶ 그, 그러나 ▶ 나 ▶ 절대로 하지 않은

바는 ▶ 건드리다 ▶ 그!

기존 방식의 이해

그는 내가 자기를 찼다고 하는데 난 그에게 손도 안 됐어요!

01 뻗어서 닿다 + 특정위치
→ 닿다, 이르다

The chair was so high that his feet couldn't touch the ground.

원어민 방식의 이해

의자 ▶ 였다 ▶ 그처럼 ▶ 높은 상태 ▶ 그래서 ▶ 그의 발 ▶ 가능하지 않은

바는 ▶ 건드리다(닿다) ▶ 바닥

기존 방식의 이해

의자가 너무 높아서 그는 발이 바닥에 닿지 않았다.

The bookcase touches the wall.

원어민 방식의 이해

책장 ▶ 건드리다(닿다) ▶ 그 벽

기존 방식의 이해 *책장이 벽에 닿아 있다.*

Your coat touches the wet paint.

원어민 방식의 이해

너의 외투 ▶ 건드리다(닿는다) ▶ 젖은 페인트

기존 방식의 이해 *네 외투가 젖은 페인트에 닿는다.*

His coat was so long it was almost touching the floor.

원어민 방식의 이해

그의 외투 ▶ 였다 ▶ 그처럼 ▶ 긴 상태 ▶ 그것 ▶ 였다 ▶ 거의 ▶ 닿는 중 ▶ 바닥

기존 방식의 이해 *그의 외투는 너무 길어서 바닥에 거의 닿을 정도였다.*

The speedometer was touching 90.

원어민 방식의 이해

속도계 ▶ 였다 ▶ 닿는 중 ▶ 90

기존 방식의 이해 *속도계가 90에 달하고 있었다.*

2
뻗어서 닿는 대상이 '어느 수준'이면 수준에 이른다(필적하다).

He is a good golfer, but he can't touch my brother.

원어민 방식의 이해

그 ▶ 이다 ▶ 한 좋은 골퍼, 그러나 ▶ 그 ▶ 가능하지 않은 바는 ▶ 닿다(필적하다) ▶ 나의 동생

기존 방식의 이해 그는 좋은 골퍼지만, 내 동생만큼은 못 치지.

3
할 일에 손을 대면 그 일을 하거나 그 일에 관계하는 그림이다.

I must do some more work on that article – I haven't touched it all week.

원어민 방식의 이해

나 ▶ 틀림없이 해야 하는 바는 ▶ 하다 ▶ 좀 더 많은 일 ▶ 면으로 접하는 대상은 ▶ 그 기사 ▶ 나 ▶ 한 적이 없는 바는 ▶ 손대다(건드리다) ▶ 그것 ▶ 모든 주(한주 내내)

기존 방식의 이해

내가 그 글 쓰는 일을 좀 더 해야 해요. 한 주 내내 손도 못 댔거든요.

4

힘 있는 주어가 대상을 건드리면 해가 되는 그림이다.

AE 기본 개념 확장

> 뻗어서 닿다 + 물건, 일, 사람
> → 만지다, 건드리다(손을 대다) → 괴롭히다, 아프게 하다

The frost had touched all the fruit.

원어민 방식의 이해

그 서리 ▶ 한적이 있었었던 바는 ▶ 건드리다(해를 입히다) ▶ 모든 과일

기존 방식의 이해 *서리로 과일은 모두 해를 입었다.*

The exhibits were severely touched by the fire.

원어민 방식의 이해

그 전시품들 ▶ 였었다 ▶ 심하게 ▶ 해를 입다 ▶ 힘의 원천은 ▶ 불

기존 방식의 이해 *전시품들은 그 화재로 크게 손상되었다.*

Who touched the baby?

원어민 방식의 이해

누가 ▶ 건드렸나(해를 입혔나) ▶ 그 어린애?

기존 방식의 이해 *어린애를 건드린[괴롭힌] 게 누구냐?*

5 → 뻗어서 닿다(건드리다) + 사람의 마음
→ 감동시키다, 마음을 움직이다, 화나게 하다

Her story touched us all deeply.

원어민 방식의 이해

그녀의 이야기 ▶ 건드렸다(감동시켰다) ▶ 우리 모두 ▶ 깊이

기존 방식의 이해

그녀의 이야기는 우리 모두에게 깊은 감동을 주었다.

His story touches us.

원어민 방식의 이해

그의 이야기 ▶ 건드리다(감동시키다) ▶ 우리

기존 방식의 이해

그의 이야기를 듣고 우리는 감동했다.

You touch me there.

원어민 방식의 이해

당신 ▶ 건드리다(감동시키다) ▶ 나 ▶ 그곳에서

기존 방식의 이해

그런 말은 나를 화나게 한다(내 신경을 건드린다).

The story touched him to tears.

그 이야기 ▶ 감동시키다 ▶ 그 ▶ 나아가서 만나는 대상은 ▶ 눈물들

기존 방식의 이해

그 이야기에 감동하여 그는 눈물을 흘렸다.

6

뻗어서 닿다(건드리다) + 내용
→ 가볍게 언급하다, 논하다, 다루다

We touched many subjects in our conversation.

원어민 방식의 이해

우리 ▶ 건드렸다(언급했다) ▶ 많은 주제들 ▶ 안에 있고 둘러싼 것은 ▶

우리의 대화

기존 방식의 이해

우리는 대화에서 여러 가지 주제들을 언급했다.

A pamphlet touches social welfare.

원어민 방식의 이해

팸플릿 ▶ 건드리다(다루다) ▶ 사회 복지 문제

기존 방식의 이해

팸플릿이 사회복지 문제를 다루고 있다.

He touches the problems of Africa.

원어민 방식의 이해

그 ▶ 건드리다(다루다, 언급하다) ▶ 문제들 ▶ 관련된 바는 ▶ 아프리카

기존 방식의 이해

그는 아프리카의 문제들을 언급했다.

unit 17

뻗어서
강하고 빠르게 닿는
strike

strike는 '뻗어서 강하고 빠르게 닿는 동작'이 기본그림이다.
보통 단순히 '치다'라는 의미로 기억하기에는 아쉬운 점이 많다.

strike는 아래의 그림같이 '뻗어서 강하고 빠르게 닿는 동작'이 기본그림이다. 보통 단순히 '치다'라는 의미로 기억하기에는 사용하는 측면에서 너무 아깝다.

A player strikes the shuttlecock during the match.

한 선수 ▶ 치다 ▶ 셔틀콕 ▶ 진행중인 일은 ▶ 경기

01 '뻗어서 강하고 빠르게 닿는 동작' + 대상 → (세게)치다, 부딪치다

The ship struck a rock.

원어민 방식의 이해

그 배 ▶ 부딪쳤다 ▶ 암초(바위)

기존 방식의 이해 *그 배는 암초에 부딪쳤다.*

He struck the table with his fist.

원어민 방식의 이해

그 ▶ 쳤다 ▶ 탁자 ▶ 함께 하는 바는 ▶ 그의 주먹

기존 방식의 이해 *그가 주먹으로 탁자를 쳤다.*

He walked to the penalty spot and struck the ball firmly into the back of the net.

원어민 방식의 이해

그는 ▶ 걸었다 ▶ 나아가서 만나는 대상은 ▶ 페널티 지점 ▶ 그리고 ▶ 쳤다 ▶ 공 ▶ 확고하게 ▶ 안으로 들어가고 둘러싼 것은 ▶ 뒷부분 ▶ 관련된 것은 ▶ 골망

기존 방식의 이해

그가 페널티 지점까지 걸어가더니 공을 골망 깊숙이 확고하게 차 넣었다.

The child ran into the road and was struck by a car.

원어민 방식의 이해

그 아이 ▶ 달려갔다 ▶ 안으로, 둘러싼 것은 ▶ 도로 ▶ 그리고 ▶ 였다 ▶

치였다 ▶ 힘의 원천은 ▶ 자동차

기존 방식의 이해 *그 아이는 도로로 뛰어들다가 차에 치였다.*

2 '뻗어서 강하고 빠르게 닿는 동작' + 대상 → (갑자기) 공격하다

기존에 하던 방식대로 strike를 '공격하다'라는 개별의미로 외울 것이 아니라, 기본 이미지인 주어에서부터 순서대로 기본 이미지를 대입하면 자연스럽게 '공격하다'가 나올 수 있다.

예를 들어, 주어가 '사자'면 '뻗어서 강하고 빠르게 닿는 동작'은 상식상 '공격하는 그림'이다. 예문을 통해서 확인해보자.

The lion are ready to strike.

원어민 방식의 이해

그 사자 ▶ 이다 ▶ 준비된 상태 ▶ 나아가서 하려는 바는 ▶ 공격하다

기존 방식의 이해 *그 사자는 공격할 준비를 하고 있다.*

> **Police fear that the killer can strike again.**

원어민 방식의 이해

경찰 ▶ 두려워하다 ▶ 그 바는 ▶ 살인범 ▶ 가능한 바는 ▶ 공격하다 ▶ 또 다시

기존 방식의 이해

경찰은 그 살인범이 또 다시 공격을 가할지 모른다고 우려하고 있다.

또한 주어가 재난, 비극이면 이 주어가 '뻗어서 강하고 빠르게 닿는' 대상은 사람들이다. 너무 상식적이라 strike의 대상인 '사람들'을 생략해도 알만하다. 이렇게 자연스럽게 이해하면 되는 것을, strike의 또 다른 의미로 '(재난 등이)발생하다'라고 외우고 또 용법상 '자동사'라고 기억하는 것은 정말 미련한 짓이다.

> **Tragedy struck.**

원어민 방식의 이해

비극 ▶ 강하고 빠르게 치다(발생하다) ▶ (사람들)

기존 방식의 이해   *비극이 발생했다.*

3 '뻗어서 강하고 빠르게 닿는 동작' + 대상
→ 갑작스럽게 만나다

주어가 '생각'이면 이 '생각'이 갑작스럽게 만나는 대상은 사람일 수밖에 없다. 그래서 생각이나 아이디어가 갑자기 떠오를 때 **strike**를 쓴다.

An awful thought just struck me.

원어민 방식의 이해

하나의 무시무시한 생각 ▶ 갑자기 ▶ 치다(생각이 들다) ▶ 나

기존 방식의 이해

내가 방금 갑자기 무시무시한 생각이 들었다.

앞서와 같이 주어가 어떤 '다른 이의 행동이나 말'이면, 이것들이 갑작스럽게 만나는 대상은 사람일 수 밖에 없다. 예를 들어, 어떤 남의 참신한 아이디어가 갑작스럽게 만나는 것이 나이면 나에게 어떤 인상과 느낌을 주는 그림일 수 밖에 없고 더 나아가 감명을 주고 나 매혹시키는 그림이 된다.

다시 강조하면, 기존에 하던 방식대로 **strike**를 '감명을 주다'라는 의미로 외우는 것은 너무나 비효율적이고 바른 방법도 아니다. 주어에서부터 순서대로 기본 이미지를 대입하면서 자연스럽게 '감명을 주다'가 나오게 된다.

She strikes me as a very efficient person.

원어민 방식의 이해

그녀 ▶ 치다(감동을 주다) ▶ 나 ▶ 같은 대상은 ▶ 매우 유능한 사람

기존 방식의 이해

그녀는 내가 볼 때 아주 유능한 사람이라는 인상을 준다.

How does the idea strike you?

원어민 방식의 이해

어떻게 ▶ 하느냐 ▶ 그 아이디어 ▶ 치다(감명을 주다) ▶ 너?

기존 방식의 이해

그 아이디어가 어떠니?

갑작스럽게 만나는 것은 어떤 것을 갑자기 발견하는 그림으로 확장될 수 있다.

They struck oil!

원어민 방식의 이해

그들 ▶ 쳤다 (갑자기 만났다, 발견했다) ▶ 석유!

기존 방식의 이해

그들이 석유를 발견했어요!

I struck an amusing book.

원어민 방식의 이해

나 ▶ 쳤다 (갑자기 만났다, 발견했다) ▶ 한권의 재미있는 책

기존 방식의 이해

내가 재미있는 책을 찾아냈다.

unit 18

자르고 나아가는 cut

한국말은 대상에 따라 동사를 다 다르게 말하지만 영어에서 동사는 하나의 이미지로 다 해결하는 경우가 많다. 예를 들어 cut이라는 단어가 '자르며 나아가다'라고 기본그림을 가지면, 대상을 가리지 않고 주어에서부터 순서대로 그림을 그리면서 의미를 완성하면 된다. 그러나 한국말은 손가락을 자르면 '베다'라고 하고, 조각할 나무를 자르면 '깎다'라는 말을 쓰며 고깃덩어리를 자르면 '썰다'라는 말을 쓴다. cut의 여러가지 의미가 있어서 '다의어'라고 하는데, 엄밀히 말하면 영어를 한국말에 끼워 맞추어서 여러가지 의미가 생기는 것이다.

cut의 기본그림은 아래사진과 같이 '자르며 나아가는 동작'이다. 비교적 쉬운 동사지만 단순히 가지고 있었던 '자르다'라는 이미지에서 좀더 넓게 보자.

A woman cuts a pineapple into thin pieces.

한 여성 ▶ 자르며 나아가다 ▶ 파인애플 ▶ into ▶ 얇은 조각들

한국말은 대상에 따라 동사를 다 다르게 말하지만 영어에서 동사는 하나의 이미지로 다 해결하는 경우가 많다.

예를 들어 cut이라는 단어가 '자르며 나아가다'라고 기본그림을 가지면, 대상을 가리지 않고 주어에서부터 순서대로 그림을 그리면서 기본그림을 적용해서 의미를 완성하면 된다. 그러나 한국말은 손가락을 자르면 '베다'라고 하고, 조각할 나무를 자르면 '깎다'라는 말을 쓰며 고깃덩어리를 자르면 '썰다'라는 말을 쓴다.

cut의 여러가지 의미가 있어서 '다의어'라고 하는데, 엄밀히 말하면 영어를 한국말에 끼워 맞추어서 생각하기 때문에 여러 가지 의미가 생기는 것이다.

01 자르며 나아가다 + 물건, 신체일부
→ 썰다, 절단하다, 깎다, 베다(상처 내다)

I cut my finger on a piece of glass.

원어민 방식의 이해

나 ▶ 자르며 나아가다 ▶ 나의 손가락 ▶ 면으로 접하는 대상은 ▶ 한 조각 ▶
관련이 있는 것은 ▶ 유리

기존 방식의 이해   유리 조각에 손가락을 베다.

I hate cutting the grass during the summer.

원어민 방식의 이해

나 ▶ 싫어하다 ▶ 자르는 것 ▶ 잔디 ▶ 그때 진행된 일은 ▶ 여름

기존 방식의 이해   난 여름에 잔디 깎는 게 싫어.

AE 기본 개념 확장

His cruel remarks cut her deeply의 경우도 영한사전에 나오듯이 'cut'에
'마음을 아프게 하다'라는 의미를 추가해서 외우는 것은 응용이 불가능한 방법이다.

다시 여러 번 강조하지만, 주어에서부터 순서대로 확장해 나아가는 관점에서 동작의
기본 이미지가 다음 단어를 만나면서 자연스럽게 의미를 만들어 내야한다. 자르며 나아
가는 것이 사람의 마음이면 상처를 주는 것 외에 무엇이 있겠는가?

His cruel remarks cut her deeply.

원어민 방식의 이해

그의 잔인한 말들 ▶ 자르며 나아가다(상처내다) ▶ 그녀 ▶ 깊게

기존 방식의 이해 그의 잔인한 말은 그녀의 마음에 깊은 상처를 주었다.

02 자르며 나아가다 + 관통하는 대상

The canoe cut through the water.

카누 ▶ 자르며 나아갔다 ▶ 관통하는 바는 ▶ 물

기존 방식의 이해   *카누가 물살을 갈랐다.*

You need a powerful saw to cut through metal.

원어민 방식의 이해

너 ▶ 필요하다 ▶ 강력한 톱 ▶ 나아가서 하려는 바는 ▶ 자르며 나아가다 ▶

관통하는 대상은 ▶ 금속

기존 방식의 이해   *금속을 자르려면 강력한 톱이 있어야 한다.*

상식적으로 아래 그림처럼 전체를 자르면 여러 개의 작은 조각들로 이루어진다. 따라서 자르며 나아가는 동작이 (규모와 크기를) 줄이는 동작이 될 수 있다.

3 자르며 나아가다 + 전체 → (그 결과 전체가) 부분으로 작아지므로 줄이다

cut prices/taxes/spending/production

원어민 방식의 이해

자르며 나아가다(줄이다) ▶ 가격들 / 세금들 / 지출 / 생산

기존 방식의 이해 *가격/세금/지출/생산을 줄이다*

Buyers will bargain hard to cut the cost of the house.

원어민 방식의 이해

구매자들 ▶ 앞으로 할 바는 ▶ 흥정하다 ▶ 열심히 ▶ 나아가서 하려는 바는

▶ 줄이다 ▶ 비용 ▶ 관련된 바는 ▶ 집

기존 방식의 이해

구매자들은 주택 가격을 깎기 위해 열심히 흥정을 하기 마련이다.

Some violent scenes were cut from the film.

원어민 방식의 이해

몇몇 폭력 장면들 ▶ 였다 ▶ 줄여지다(삭제되다) ▶ 출발지는 ▶ 그 영화

기존 방식의 이해

그 영화에서 몇몇 폭력 장면이 삭제되었다.

Could you cut your essay from 5000 to 3000 words?

원어민 방식의 이해

할 수 있겠니 ▶ 너 ▶ 줄이다 ▶ 네 에세이 ▶ 출발점은 ▶ 5000 ▶ 나아가서

도착점은 ▶ 3000 단어들 ?

기존 방식의 이해

네 에세이를 5000자에서 3000자로 줄일 수 있겠니?

Can you cut the price on these pants?

원어민 방식의 이해

가능하나요 ▶ 당신 ▶ 줄여주다(깎아주다) ▶ 그 가격 ▶ 면으로 접하는 대상은

▶ 이 바지들 ?

기존 방식의 이해

이 바지들 가격을 깎아 주실 수 있나요?

04

자르며 나아가다 + 부분
→ (그 부분을) 잘라내다
→ 제거하다

We have to cut 120 workers because of the economic slowdown.

원어민 방식의 이해

우리 ▶ 해야만 하는 바는 ▶ 잘라내다 ▶ 120명의 직원들 ▶ 이유는 ▶ 경기 침체

기존 방식의 이해

경기 침체로 우리 회사는 120명의 직원을 감축해야 한다.

This scene was cut from the final version of the movie.

원어민 방식의 이해

이 장면 ▶ 였다 ▶ 잘려지다 ▶ 출발점은 ▶ 마지막 편집본 ▶ 관련된 것은 ▶ 영화

기존 방식의 이해

그 영화의 마지막 편집본에서 이 장면이 삭제되었다.

5

자르며 나아간다(끊다) + 하고 있는 것
→ (그 결과 흐름이 끊어져서) 중단된다
→ 멈추게하다, 그만하게하다, 중지시키다

Cut the chatter!

원어민 방식의 이해

끊다 ▶ (하고 있는) 잡담

기존 방식의 이해 *잡담 그만해!*

Cut it

원어민 방식의 이해

끊다 ▶ (하고 있는) 것

기존 방식의 이해 *그만두다*

unit 19

덮어서 감당하는 cover

> cover의 기본 그림을 통해서, 한국말과 영어는 단순히 어순만 다른 것이 아니라 그 안에 있는 사고체계가 다르다는 것을 느껴보자.

cover의 기본그림은 '덮는 동작'이다. 그러나 앞서 많은 동사들과 마찬가지고 단순히 가지고 있었던 이미지에서 벗어나 다양한 상황 속에서 좀더 넓게 봐야한다. 아래 사진기사로 시작해보자.

A policeman covers his face with his handkerchief during the protest.

한 경찰 ▶ 덮는다 ▶ 그의 얼굴 ▶ with ▶ 그의 손수건 ▶ during ▶ 시위

일단 전치사 with와 during은 남겨놓고 단어만 나열해 보았다.

다음 사진처럼 주어에서의 순서대로 동선을 그려나가 보기만 해도 쉽게 이해가 될 것이다.

주어에서부터 순서대로 보면, 한 경찰(A policeman)이 덮고 있다(covers). 그 바는 그의 얼굴(his face)이고 함께한 것(with)은 그의 손수건(his handkerchief)이다. 그때 진행된 일은(during) 시위(the protest)다.

영한사전에 실린 cover의 설명 중 일부이다.

cover

1. 덮다; 〈물건에〉 뚜껑을 덮다; 싸다, 씌우다, 〈머리에〉 모자를 씌우다[쓰다]; 감싸다 ((with))
Snow covered the highway. = The highway was covered with snow.
간선 도로는 눈으로 덮였다.
(cover +[목]+[전]+[명]) cover one's face with one's hands
손으로 얼굴을 감싸다

2. ⟨…에⟩ (벽지 등을) 바르다, …의 겉을 붙이다[바르다], 표지를 달다, ⟨…에⟩ (페인트 등을) 칠하다 ((with))

(**cover**+[목]+[전]+[명]) **cover a wall with paper[paint]**
벽에 벽지를 바르다[페인트를 칠하다]

3. 덮어 씌우다, 뒤덮다, 가득 채우다

The trees are almost covered with blossoms.
나무들은 거의 꽃으로 뒤덮여 있다.

4. [수동형 또는 ~ **oneself**로] (영광·치욕 등을) 한몸에 받다, 누리다, 당하다; 가득 차다 ((with))

be cover ed with glory[shame] 영광[치욕]으로 가득 차다

(**cover**+[목]+[전]+[명]) **cover oneself with honor**
명예를 누리다

5. 감추다, 숨기다, 가리다

cover a mistake 과오를 숨기다

(**cover**+[목]+[전]+[명]) **cover one's bare shoulders with a shawl**
노출된 어깨를 숄로 가리다

6. 감싸주다, 보호하다(**shield, protect**); [군사] 엄호하다; [스포츠] 후방을 수비하다, 커버하다; ⟨상대 플레이어를⟩ 마크하다; [테니스] 코트를 수비하다

cover the landing 상륙을 엄호하다

(**cover**+[목]+[전]+[명]) **The cave covered him from the snow.**
그 동굴에서 그는 눈을 피할 수 있었다.

7. 떠맡다, …의 대신 노릇을 하다, …의 책임을 지다

cover the post 그 지위를 떠맡다

8. ⟨대포·요새 등이⟩ …에 대한 방위로서 도움이 되다; 아래를 내려다보다 (**command**), 사정거리 내에 두다; (총 등으로) 겨누다

The battery covered the city.
대포는 그 시를 사정권 내에 두었다.

(**cover** +[목]+[전]+[명]) **cover the enemy with a rifle**
적에게 총을 겨누다

9. 〈어떤 일정한 거리를〉 가다, 〈어떤 지역을〉 답파하다(travel)

The car covers 200 miles a day.

그 차는 하루에 200마일을 주행한다.

10. 〈어떤 범위에〉 걸치다, 미치다(extend over); 〈분야 · 영역 등을〉 포함하다 (include); 〈사례 등에〉 적용되다; 〈연구 · 주제를〉 다루고 있다; 학습하다, 강의하다

The rule covers all cases.

그 법칙은 모든 경우에 적용된다.

11. [신문 · 라디오 · TV] 〈사건을〉 취재하다; 〈뉴스 등을〉 보도하다, 방송하다

The reporter covered the accident.

기자는 그 사고를 보도했다.

보다시피 동사만 보더라도 사실상 30개가 넘는 의미들이 줄줄이 나열되어 있다. 이걸 모두 암기해서 문장에서 만날 때마다 적절하게 의미를 재빠르게 기억해 내고, 더 나아가 어떤 상황에 맞닥뜨리든 거기에 적절하게 맞춰서 써먹는다는 것은 거의 불가능하다.

'얼굴을 감싸다, 벽에 바르다, 과오를 숨기다' 등 우리말에서는 앞의 명사에 따라 뒤에 이어질 동사가 대충 가늠된다.

그러나 영어는 동사가 나온 뒤에야 대상(목적어)이 오기 때문에 동사까지만 보고서 대상(목적어)을 가늠하는 건 거의 불가능하다.

즉, 〈주어+동사〉만 가지고 '바르다'인지 '숨기다'인지 아니면 '감싸다'인지 아는 건 불가능하다. 'Students cover ~'라는 단어들만 가지고는 학생들이 '감추고 있는 동작'인지 '보호하는 동작'인지 아니면 '떠맡는 동작'인지는 〈주어+동사〉만 가지고는 알 수가 없다. 학생들이 덮는 동작만 머릿속에 그려질 뿐이다. 그 다음에 '실수'가 나오면 '감추는 그림'이 되고 태양빛 아래의 '자신의 얼굴'이 되면 '가리는 그림'이 되는 것이다.

그럼에도 불구하고 우리는 그간 영한사전을 통해, 나오지도 않는 목적어(대상)를 어떤 것이 올 경우라고 미리 정해 놓고 마치 여러 가지 의미를 가진 한 단어인 '다의어'라도 되는 양 거기에 맞춘 동사의 숱한 의미들을 암기했던 것이다. 여러 번 강조하지만, 주어에서부터 순서대로 확장해 나아가는 관점에서 동작의 기본 이미지가 다음 단어를 만나면서 자연스럽게 의미를 만들어 내야한다. 한국말과 영어는 단순히 어순만 다른 것이 아니라 그 안에 있는 사고체계 자체가 다르다.

01 덮는 동작 + 일반사물, 몸
→ 덮다(씌우다), 가리다
→ 감추다, 보호하다

Snow covered the ground.

원어민 방식의 이해

눈 ▶ 덮었다 ▶ 땅

기존 방식의 이해   *눈이 땅바닥을 덮고 있었다.*

Cover the chicken with foil.

원어민 방식의 이해

덮어라 ▶ 닭고기 ▶ 함께하는 것은 ▶ 포일

기존 방식의 이해   *닭(고기) 위에 포일을 씌워라.*

The players were covered in mud.

선수들 ▶ 였다 ▶ 덮임을 당하다 ▶ 둘러싼 것은 ▶ 진흙

기존 방식의 이해   *선수들은 진흙투성이가 되었다.*

AE 기본 개념 확장

덮는 동작은 동시에 1)감추는 것과 2)보호하는 동작이 될 수 있다.

He laughed to cover his nervousness.
원어민 방식의 이해

그는 ▶ 웃었다 ▶ 나아가서 하려는 바는 ▶ 덮다 ▶ 그의 초조함

기존 방식의 이해   *그는 초조함을 가리기 위해 웃었다.*

He laughed to cover his annoyance.
원어민 방식의 이해

그는 ▶ 웃었다 ▶ 나아가서 하려는 바는 ▶ 덮다 ▶ 그의 괴로움

기존 방식의 이해   *괴로움을 감추려고 그는 웃었다.*

cover a mistake
원어민 방식의 이해

덮다 ▶ 실수

기존 방식의 이해   *실수를 감추다.*

2

덮는 동작 + 일, 특정분야
→ 덮어서 전반적으로 감당한다(다룬다)
→ 다룬다, 관장한다

The survey covers all aspects of the business.

원어민 방식의 이해

그 조사 ▶ 덮다 ▶ 모든 측면들 ▶ 관련된 것은 ▶ 비즈니스

기존 방식의 이해

그 조사는 그 사업의 모든 측면을 다룬다.

The sales team covers the northern part of the country.

원어민 방식의 이해

영업팀 ▶ 덮다(관장한다) ▶ 북부 지역 ▶ 관련된 대상은 ▶ 그 나라

기존 방식의 이해

영업팀은 그 나라 북부 지역을 관장한다.

방송사나 기자가 덮어서 전반적으로 다루는 것이 특정내용이면
이를 취재하고 보도하는 그림이다.

She's covering the party's annual conference.

원어민 방식의 이해

그녀 ▶ 이다 ▶ 덮어서 전반적으로 다루는 중(취재하고 있는 중) ▶ 당의 연례 총회

기존 방식의 이해   그녀는 그 당의 연례 총회를 취재하고 있다.

The BBC will cover all the major games of the tournament.

원어민 방식의 이해

BBC ▶ 앞으로 ▶ 덮어서 전반적으로 다루다(취재하다) ▶ 주요 경기들 ▶

연관된 대상은 ▶ 토너먼트

기존 방식의 이해

BBC가 그 토너먼트의 모든 주요 경기들을 방송할 것이다.

3

덮는 동작 + 비용
→ 덮어서 전반적으로 감당한다
→ 비용으로 충분하다

The show covered its costs.

원어민 방식의 이해   그 쇼는 ▶ 덮어서 감당했다 ▶ 그것의 경비들

기존 방식의 이해   그 쇼는 경비를 댔다.

Your parents will have to cover your tuition fees.

원어민 방식의 이해

너의 가족들 ▶ 앞으로 ▶ 해야하는 바는 ▶ 덮어서 감당한다 ▶ 너의 학비

기존 방식의 이해   너의 부모님이 네 학비를 대셔야 할 것이다.

$100 can cover your expenses.

원어민 방식의 이해

100달러 ▶ 가능한 바는 ▶ 덮어서 감당한다 ▶ 당신 경비들

기존 방식의 이해   100달러면 당신 경비로 충분할 것이다.

4

덮는 동작 + 남의 일
→ 덮어서 전반적으로 감당한다
→ (다른 사람의 일을) 대신하다

I'm covering for Jane while she's on leave.

원어민 방식의 이해

나는 ▶ 이다 ▶ 덮어서 감당하는 중(일) ▶ 위하는 대상은 ▶ 제인 ▶ 동시에 죽

일어나는 일은 ▶ 그녀 ▶ 이다 ▶ 면으로 접하는 대상은 ▶ 휴가

기존 방식의 이해   제인이 휴가 간 동안 내가 그녀 일을 대신 보고 있다.

unit 20

만능동사 do

do의 기본의미 '하다'가 뒤에 이어지는 단어와 만나 더욱더 의미가 구체화된다. do는 이렇게 대다수의 동사를 대신하는 만능 동사이다.

do는 그냥 '**하다**'라 이해하고 뒤에 나온 정보와 함께 구체화하면 된다. 따라서 기본의 미를 '(관련된 일을) 하다(한다)'로 이해하자.

A policeman does security check on visitors at the entrance.

한 경찰관 ▶ 하다 ▶ 보안검사 ▶ 면으로 접하는 대상은 ▶ 방문객들 ▶ 장소는 ▶ 입구

위의 문장은 다음과 같이 동사 check를 이용해 변형이 가능하다. 따라서 do는 대다수의 동사를 대신할 수 있는 만능동사이다.

A policeman checks visitors at the entrance.

(관련된 일을) 하다 + 요리 / 접시 / 숙제
→ 요리하다 / 설거지 하다 / 숙제하다

I do the cooking, and she does the dishes.

원어민 방식의 이해

나 ▶ 하다 ▶ 요리 ▶ 그리고 ▶ 그녀 ▶ (관련된 일을)하다 ▶ 접시

기존 방식의 이해 *나는 요리를 하고 그녀는 설거지를 한다.*

Have you done your math assignment?

원어민 방식의 이해

한 적 있니 ▶ 너 ▶ 하다 ▶ 너의 수학 숙제?

기존 방식의 이해 *너 수학 숙제 다 했니?*

(관련된 일을) 한다 → 부족하지 않게 적절히 한다(충분하다)

Sixty dollars will do.

원어민 방식의 이해

60달러 ▶ 앞으로 ▶ (적절히) 한다

기존 방식의 이해 *60달러면 되겠습니다.*

AE 기본 개념 확장

(관련된 일을) 하다 + 역할 → 연기하다

The actor did Hamlet very well.

원어민 방식의 이해

그 배우 ▶ (관련된 일을) 했다 ▶ 햄릿 ▶ 매우 잘

기존 방식의 이해   *그 배우는 햄릿 역을 잘 연기했다.*

AE 기본 개념 확장

(관련된 일을) 하다 + 장소 → 방문하다, 관람하다

We did the National Museum yesterday.

원어민 방식의 이해

우리 ▶ (관련된 일을) 했다 ▶ 국립박물관

기존 방식의 이해   *우리는 어제 국립박물관을 관람했다.*

AE 기본 개념 확장

(관련된 일을) 하다 + 거리 → 그 거리만큼 가다

We did 20 miles today.

원어민 방식의 이해

우리 ▶ (관련된 일을) 했다 ▶ 20마일 ▶ 오늘

기존 방식의 이해   *우리는 오늘 20마일을 갔다(걸었다).*

애로우 잉글리시 서울 강남 본원 및
전국 각지에서 공개강연회 진행중!
NOW!

서울 강남 본원
TEL 02) 422-7505

서울 강남구 역삼동 831-24
예미프레스티지빌딩 3층

인천 센터
TEL 070-7013-7507

인천시 남동구 구월동 1128-1
아트뷰주상복합 4층 402호

전주 센터
TEL 063) 243-0579

전주시 덕진구 우아동 2가 860-6번지
4층 4호(아중리 노동청사 부근)

대구 센터
TEL 053) 745-7505

대구시 동구 신천동 337-8번지 2층
AE대구센터 (동대구역 7분 거리)

부산 센터
TEL 051) 807-7505

부산광역시 부산진구 부전동 261-9
유당빌딩 3층

대전 센터
TEL 042) 222-7505

대전시 중구 선화동 280-2 대제빌딩 2층
(중구청역 5~6분 거리)

광주 센터
TEL 062) 365-7505

광주광역시 동구 필문대로 136
경원빌딩 3층

영어학습법분야 1위
애로우잉글리시가 공개하는 전치사 활용서

애로우잉글리시

최재봉 지음

전치사혁명

거꾸로 잘못 배운 전치사 바로잡기

당신이 알고 있는 전치사는 거짓말 이다!

100단어로도 영어가 되는 전치사의 비밀

애로우 잉글리시

애로우 잉글리시 전치사 혁명